云南大学周边外交研究中心智库报告

··················

冷战后日本
与湄公河国家关系

·····························

THE RELATIONSHIP BETWEEN JAPAN
AND THE MEKONG COUNTRIES IN
THE POST COLD WAR ERA

毕世鸿 著

社会科学文献出版社
SOCIAL SCIENCES ACADEMIC PRESS (CHINA)

云南大学周边外交研究中心

学术委员会名单

主 任 委 员：郑永年

副主任委员（按姓氏笔画排序）：

　　江瑞平　肖　宪

委　　　　员（按姓氏笔画排序）：

　　王逸舟　石源华　卢光盛　刘　稚　李一平

　　李明江　李晨阳　陈东晓　张景全　张振江

　　范祚军　胡仕胜　高祖贵　翟　崑　潘志平

《云南大学周边外交研究中心智库报告》

编委会名单

（讨论稿，初步名单共9人）

编委会主任　林文勋

编委会副主任（按姓氏笔画排序）：

　　　　杨泽宇　肖　宪

编委会委员（按姓氏笔画排序）：

　　　　卢光盛　刘　稚　毕世鸿

　　　　李晨阳　吴　磊　翟　崑

■ 前　言

　　20 世纪 90 年代以来，随着冷战的结束、国际和地区形势的缓和、全球化和区域一体化的迅速发展以及柬埔寨和平的实现，大湄公河次区域（Greater Mekong Subregion，GMS）① 各国获得了一个能够实现可持续发展的战略机遇期。GMS 在陆上连接中国、东南亚和南亚地区，海上则连通太平洋和印度洋，战略位置非常重要。作为一个拥有巨大开发潜力的地区和一块"有待开发的处女地"，GMS 日益受到国际社会的广泛关注。联合国、亚洲开发银行（亚行）、美国、欧盟、日本等对次区域表现出极大的兴趣，积极主导或参与有关 GMS 各种项目的实施。

　　其中，日本与湄公河流域中下游的柬埔寨、老挝、缅甸、

---

① 　按照亚洲开发银行的定义，大湄公河次区域包括以下国家和地区：柬埔寨、老挝、缅甸、泰国、越南和中国的云南省及广西壮族自治区。

泰国、越南五国①（GMS 五国）不仅有着悠久的相互交往的历史，更在政治和经济领域保持着密切的联系。日本自二战后以来，先后通过战后赔偿、联合国开发合作、政府开发援助（Official Development Assistance，ODA）、亚行主导的 GMS 经济合作以及直接投资等众多渠道，积极参与 GMS 的合作。经过多年的努力，日本已成为 GMS 最大的援助国和投资国。日本宣布 2008 年为"日本湄公河交流年"，并取得了建设横穿大湄公河次区域的东西经济走廊的主导权，日本在 GMS 的政治影响力日益增强，并试图以此来抵消中国在该地区日益增强的影响力。日本的 GMS 政策的实施，对 GMS 五国对华政策产生了重要影响，因此，开展此研究，能为中国政府进一步加强与 GMS 五国的政治经济关系提供对策建议，具有很强的现实意义。

2009 年，中国领导人提出了"桥头堡"战略构想。2013 年，中国领导人又相继提出"向西开放"，建设"孟中印缅经济走廊""丝绸之路经济带和 21 世纪海上丝绸之路"（一带一路）等战略构想。上述战略构想，都是中国在新的国际国内形势下提升沿边开放的重要战略部署，也是完善中国全方位

---

① 按照惯例，大湄公河次区域一般包括柬埔寨、老挝、缅甸、泰国和越南这五个东南亚国家和中国的两个西南省区，但由于日本的对东南亚政策和对华政策大相径庭，故在本书中所指的"日本的 GMS 政策"只针对上述五个东南亚国家。

对外开放的必然选择。在"桥头堡"、"孟中印缅经济走廊"和"一带一路"建设过程中，相邻地区的国际环境和国际关系是我们重点考察的问题之一。随着中国—东盟自由贸易区（CAFTA）的全面启动和 GMS 经济合作的不断深化，中国与 GMS 五国的合作日益紧密，对其影响力也会越来越大。而日本等国同样在该地区有着诸多利益和利害关系。从中国的角度看，次区域是连接中国西南地区与印度洋的一个重要战略基点，中国与 GMS 五国合作关系的不断加深，将不可避免与日本的利益出现交叉，甚至产生某种程度的冲突。在日本极力参与次区域开发合作的情形下，如何根据各国的不同利益结构，重新审视中国在这一地区的战略部署，掌握主动权，是中国不得不认真考虑的战略性问题。

自 20 世纪 90 年代初以来，随着冷战格局的终结以及冷战后地缘政治格局的变化，GMS 已成为我国西南周边地区各国际经济合作的竞争热点，日本对 GMS 的外交政策以及 GMS 的柬埔寨、老挝、缅甸、泰国和越南五国对华政策等领域逐渐引起国内外学术界的重视，出版、发表了一些相关论著。近年来，对这一问题的研究在不同的层面上又有了新的拓展，现对主要成果及代表性观点做如下简要评述。

关于冷战后日本的 GMS 政策的研究主要有以下成果。毕世鸿《日本对湄公河地区经济合作的援助政策》指出，日本已成为 GMS 最大的援助国和投资国，GMS 五国对日本的经济依赖将成为一种长期现象，日本对 GMS 五国的影响力甚至已扩展到政治领域。尹秀艳《日本的东亚区域合作战略及其背景分析》认为，日本的东亚区域合作战略根本上是依托美国，牵制中国，争取东盟，有意掌握东亚合作的方向。乔林生《试论新世纪日本对东盟的外交政策》指出，21 世纪日本对东盟的外交政策，旨在主导亚洲经济一体化，扩大在东南亚地区的政治影响和军事安全影响，并争取成为安理会常任理事国和国际社会的重要一极，逐步实现政治大国的目标。白如纯《日本对东盟政策与中日关系》认为，随着中国的快速发展，日本对东盟关系中中国因素的作用日益凸显。彭文平《从"国际经济政治化"角度看日本对东盟的经济援助》认为，冷战后日本对东盟实施经济援助的政治因素增多，遏制中国在东盟的影响成为其重要考量。钟楠《浅析日本对柬埔寨的援助外交》指出，在维护和发展日柬两国的外交关系中，日本大规模的经济援助为日本扩大其在柬埔寨的影响起着重要的作用。森田浩一《印度支那地区合作的现状与课题——从我国地区开发合作的视点出发》（2002 年版）则对日本参与 GMS 经济合作进行了论述。

关于冷战后 GMS 五国对华政策的研究成果主要有：李优坤《泰国对华外交中的防范因素分析》主要探讨泰国对华外交中的防范手段及其特点，并对泰国对华外交中防范因素的产生原因以及如何消减这些防范因素提出意见。李小军《论战后泰国对华政策的演变》认为，冷战后，泰国对华奉行谨慎和务实的"调适性"政策，中泰从战略伙伴发展为经济伙伴。贺圣达《东盟对华政策和中国—东盟关系的发展》指出，从近期和更长时期看影响中国—东盟关系的主要是东盟与中国战略伙伴关系的发展，东盟自身的一体化进程和对华政策，东盟与美、日、印等国关系的发展及"大国平衡"战略的调整。唐世平《冷战后近邻国家对华政策研究》基于近邻国家的角度，对它们在冷战后的对华政策做出相对系统的判断。刘务《缅甸外交政策的新调整：从对华友好到大国平衡外交》分析了缅甸奉行大国平衡外交政策的原因，内因是缅甸国内的民族主义情绪不断上升，外因是区域内外各有关国家对中国在缅甸及周边地区影响不断扩大存在担忧。贺圣达《东盟对华关系和政策：现状与未来》指出东盟与中国的关系是建立在东盟整体、湄公河流域国家和海岛国家这两大板块以及成员国的多样性和差异性这样三个层面上的关系，其对华政策也受这三个层面的影响。于向东《冷战后越南对华政策的调整》认为由于多种因素的影响，冷战后，越南开始实行睦邻友好、全面合作的对华政策。岳德明《冷战后缅甸对华政策刍议》指出20世纪90年代中期缅甸军政府的外部依赖多元化，特殊友华程度相对降低，但中国仍是军政府的主要外部支持力量。许梅《柬埔寨外交政策的演变与中柬关系的发展》认为"和平、中立、不结盟"外交政策基础上奉行积极友善的对华政策一直是柬埔寨所遵循的原则。周方冶《泰国对华友好合作政策的动力与前景》基于国家利益层面，分别从经济、政治和安全的角度分析了泰国推行对华友好合作政策的动力，并对泰国对华政策的前景做了评估。卓礼明《试析冷战后老挝的对华政策》指出，未来老挝对华政策的总趋势将是继续促进两国睦邻友好和全面合作关系的平稳发展。提莫·梅尼肯（Timo·Menniken）在《中国在国际资源政治中的表现：湄公河的教训》中，对中国参与 GMS 资源开发合作应汲取的教训进行了论述。西里卢克·斯里维里亚库（Siriluk Masviriyakul）在《中泰 GMS 战略经济关系的发展（1992－2003）》中论述了20世纪90年代以来中泰在 GMS 的经济合作关系。

概言之，上述论著对日本的东盟外交政策、日本援助GMS 政策以及 GMS 五国对华政策等领域进行了精辟的论述，使本课题组各位成员受益颇多。但是，经过课题组成员查询大量国内外相关资料并进行对比后发现，就日本的 GMS 政策及其对 GMS 五国对华政策的影响而言，从所掌握的信息和资料来看，迄今为止，国内外相关研究成果相对不足。因此，我国非常有必要组织人力、物力对该问题进行全面深入的研究，剖析日本的 GMS 政策及其对 GMS 五国对华政策的影响，为中央和各有关部门提供决策参考。

正是基于上述问题意识，2008 年，本课题得到了"西南边疆历史与现状综合研究项目"的资助，课题名称为"日本的 GMS 政策对 GMS 五国对华政策的影响研究"（项目编号：A080016），得以顺利开展相关研究。课题的目的在于就日本的 GMS 政策对 GMS 五国对华政策的影响进行研究，重点放在对 GMS 五国对华政策的影响方面，从中探讨我国对 GMS 政策的总体思路。

本书通过对二战后日本与 GMS 关系的发展过程进行回顾，对日本的 GMS 政策出台的背景、基本内容及其行动选择进行分析，阐明日本实施 GMS 政策所取得的成效，辅之以中国参与 GMS 经济合作的历程、中国的 GMS 政策及其成效进行对比，由此指出日本 GMS 政策对 GMS 五国对华政策究竟产生了哪些影响。在此基础上，论证日本在次区域的地位和作用，对日本今后的走向做出展望，并就中国今后如何进一步加强与 GMS 五国的关系提出一些对策建议。

目 录
C o n t e n t s

一　对日本与湄公河地区关系的回顾

1. 通过二战后赔偿重返湄公河地区

二战后日本重返湄公河地区，是在对东南亚国家支付战争赔偿过程中开始的。1951 年 9 月《旧金山和约》签署以后，在美国的安排和部署下，日本开始与东南亚国家就"战后处理"进行谈判。最终，日本向缅甸和越南（南越）分别支付了 2 亿美元、3900 万美元的战争赔偿。同时，日本还对老挝、柬埔寨、缅甸和泰国分别支付了总额为 10 亿日元、15 亿日元、473.36 亿日元、150 亿日元的"准赔偿"①。日本 1975 年向越南提供总额达 85 亿日元的无偿资金援助，也带有

① 关于赔偿与准赔偿的区别，日本学者山本刚士认为：赔偿是日本对战时的军事侵略做出的赔偿，而准赔偿则是日本与交涉对象国在是否赔偿的问题上未能达成一致，对象国认定是赔偿，而日本认为是带有强烈赔偿性质而提供的无偿经济合作。日本政府则把准赔偿说成是：为报答放弃索赔权的国家对日本的善意，缔结的经济技术合作协定和无偿援助。详情参见林晓光《日本政府开发援助与中日关系》，世界知识出版社，2003，第 97 页。

准赔偿性质①。

但所谓赔偿，不过是美国在冷战格局下为遏制和封锁新中国，需要推动日本向东南亚扩张，以作为日本丧失中国市场的补偿的一个幌子②。对此，时任日本首相吉田茂亦不讳言，声称"日本付出的赔偿，并非日本对被害者给予的补偿，而是开拓东南亚市场的一步棋。以缅甸为例，用日本资金开发缅甸，成为找到东南亚市场的一步棋，而投资随后也可以收回来。以赔偿的名义，日本可以同缅甸等国携起手来"③。"因为对方讨厌投资这个名词，所以，我们就用赔偿这个提法。就我们而言完全是一种投资"④。并且，日本的赔偿或准赔偿大多是以产品和劳务形式提供的，即日本政府先把赔偿金额支付给日本企业，再由这些日本企业向索赔国提供产品或劳务⑤。

---

① 日本国会图书馆外交防卫科编《战后赔偿问题——总论（1）》，载《调查与情报》第 228 期，1993 年 10 月 15 日，第 7~10 页；日本国会图书馆外交防卫科编《战后赔偿问题——总论（2）》，载《调查与情报》第 229 期，1993 年 11 月 2 日，第 2~12 页。

② 邓仕超：《从敌对国到全面合作的伙伴：战后东盟—日本关系发展的轨迹》，世界知识出版社，2008，第 15 页。

③ 冯昭奎、刘世龙、刘映春、金熙德、周永生：《战后日本外交：1945 - 1995》，中国社会科学出版社，1996，第 278 页。

④ 周斌：《战后日本的崛起》，人民出版社，1984，第 51 页。

⑤ 〔日〕小林英夫：《战后日本资本主义与"东亚经济圈"》，御茶水书房，1983，第 33~34 页。

这种把赔偿与经济合作合二为一的方式，使日本既避免了支付外汇的负担，又重建了与湄公河地区各国的外交关系，密切了双边经济关系。日本由此找到了商品与资本的出口市场，从东南亚获取廉价工业原料等资源，为日本产品打入湄公河地区市场提供了便利条件，在湄公河地区逐步站稳了脚跟，促进了日本国内经济的发展，增强了日本在国际上的经济竞争能力和政治上的发言权，也是日本谋求发挥地区主导作用的开始。赔偿问题的解决，既是二战后日本重返东南亚的契机与起点，同时也为其后日本参与湄公河地区的开发与合作奠定了基础[①]。

2. 极力参与联合国推动的开发合作

在 20 世纪 50 年代后半期，联合国就试图组织湄公河下游沿岸国家进行协作，统筹湄公河的水资源利用。1957 年，在联合国亚洲和远东经济委员会（ECAFE，联合国亚太经社理事会的前身）推动下，柬埔寨、老挝、泰国和越南四国成立了"湄公河下游调查协调委员会"（简称"老湄委会"）。上下游国家相互协作，国际社会提供援助，联合开发湄公河渔业、航运和水力资源的想法由此开始。为了显示日本积极参与联合国相关活动的热情和诚意，日本主要对老湄委会有关大坝、灌

---

① 乔林生：《日本对外政策与东盟》，人民出版社，2006，第 59 页。

溉、水力发电等涉及水资源开发的调查活动提供了技术援助，仅 1958 年至 1964 年，日本的援助金额就达 3.6 亿日元，并多次派出调查团前往湄公河下游地区进行实地调查，在调查领域仅次于美国、加拿大和法国，排名第 4 位。日本方面提交的相关调查结果，为湄公河下游的经济合作提供了翔实的资料和数据，得到了老湄委会以及湄公河下游各国政府的好评。ECAFE 甚至评价，正是因为有了日本的技术合作，制定湄公河地区的开发蓝图才成为可能①。

3. 福田主义的出台

1977 年 8 月，日本首相福田赳夫参加东盟首脑扩大会议并顺访东南亚各国，在菲律宾首都马尼拉发表了题为《我国的东南亚政策》的外交演说，强调了日本对东南亚国家提供政府开发援助（ODA），同东南亚国家开展经济合作的重要意义，提出了被后人称之为"福田主义"的日本对东南亚政策三原则：第一，日本决心奉行彻底的和平政策，不做军事大国，并从这一立场出发，为东南亚及世界的和平与繁荣做出贡献；第二，在日本与东南亚国家之间，不仅要在政治经济方面，而且要在社会文化等广阔的领域内建立起真正朋友的、心

---

① Japan ECAFE Association, "Achievements in the Mekong Project", in *Japan ECAFE Information*, No. 413, July 1965, p. 19, p. 46.

心相印的相互依赖关系；第三，日本要站在"对等合作者"的立场，和其他国家一道对东盟及其成员自身加强联系纽带的努力给予积极的支持，并与印支国家发展建立在相互理解基础上的关系，以利于整个东南亚地区的和平与繁荣①。

福田主义的提出，成为日本对东南亚外交政策的一个重要转折点，为日本进一步扩大与东南亚的经济交流和直接投资奠定了基础。扩大直接投资，不仅是 20 世纪 70~80 年代日本发展对外经济的最具有潜力的手段，同时也是释放日本国内大量剩余资本，在推动日本国内产业结构向技术密集型、知识密集型产业结构转移的同时，实现东亚经济发展"雁行模式"的一个重要途径，促使在东亚形成以日本为主导的、以垂直分工为重点的国际产业分工体系。

4. 推动柬埔寨问题的和平解决

1979 年以后，日本政府向印支难民提供了 4 亿多美元的援助，还恢复了对越南的人道主义援助②。1985 年，日本在东盟外长扩大会上提出谋求柬埔寨问题政治解决、支持民柬、要求越南从柬埔寨撤军、增加对柬埔寨难民援助等建议。由此，积

① 〔日〕日本国际问题研究所编《国际年报》第 19 卷，日本国际问题研究所，1977，第 260 页。

② 冯昭奎、刘世龙、刘映春、金熙德、周永生：《战后日本外交：1945－1995》，第 286 页。

极参与柬埔寨和平进程，成为冷战后日本外交的一个转折点。
1990 年 6 月，在日本的极力促成下，有关柬埔寨问题的国际会
议在东京召开，柬埔寨各方代表和东盟国家官员出席会议。同
年 8 月，联合国安理会五个常任理事国达成全面政治解决柬埔
寨问题的框架文件，柬埔寨的和平进程迈出了关键性的一步。
对此，日本前外务省高官河野雅治称之为"是日本自 1919 年
参加巴黎和会以来首次参加的和平会议，也是二战后日本最初
参与的东南亚和平外交，历史意义重大"①。9 月，国际援助柬
埔寨联合会成立，日本主动担任了联合会主席职务，开始对柬
埔寨进行大规模的经济援助。在此后每一次国际援助柬埔寨会
议中，日本的援助款金额都是独占鳌头。经过一年半马拉松式
的艰苦谈判，1991 年 11 月柬埔寨问题终于得到政治解决。其
后，日本以帮助柬埔寨排雷为由，通过参与联合国柬埔寨维和
行动首次实现了向海外派遣自卫队的目标，日本与东南亚国家
进行军事安全保障方面的合作也由此开始。

　　柬埔寨问题的和平解决，成为日本在解决地区冲突等热点
问题上发挥政治大国作用的试验场②。日本通过推动柬埔寨和平
进程，加强了对东南亚的政治影响。柬埔寨内战结束数年后，日

---

① 〔日〕河野雅治：《和平工作——对柬埔寨外交的证言》，岩波书店，1999，
　　第 37 页。

② 金熙德：《日本对东南亚外交的转折——从福田主义到桥本主义》，《当代
　　亚太》1998 年第 7 期，第 7 页。

本在 GMS 投下大量资金，挑起了发展次区域的大梁，从而确立了其在 GMS 举足轻重的地位，并形成了日本对发展中国家外交的金钱和人力同出，政治与经济并举的政策行为新模式①。

5. 争当东盟与印支三国的对话桥梁

进入 20 世纪 90 年代，日本认为其已经具备了在东南亚地区发挥更大政治作用的两个现实基础：一是经过战后几十年的经营，日本的经济势力已经深入到东盟各国经济生活的一切领域，日本到了要在政治上收获的时候了。日本前首相海部俊树在 1991 年访问新加坡时非常明确地表达了日本在这方面的愿望，他说："长期以来，日本以东盟作为日本整个外交政策的核心，不断加强与东盟各国在所有领域的最紧密的合作，在国际秩序发生重大变化的时代，我感到日本被期望对亚太地区做出更大贡献，这种贡献不单在经济领域，而且也在政治领域。日本打算在这个地区扮演一个更为积极的角色"②，以扩大日本对东南亚国家的政治影响力。二是在过去几十年，日本为东南亚各国培养了一大批熟悉日本文化、精通日本事务的年轻的政治

① Hideka Yamaguchi, "Whose Sustainable Development? An Analysis of Japanese Foreign Aid Policy and Funding for Energy Sector Projects", in *Bulletin of Science, Technology & Society*, Vol. 23, No. 4, August 2003, p. 304.

② 曹云华：《日本：全方位"南下"》，《世界知识》2003 年第 11 期，第 23 页。

和技术精英，这些人已经在东南亚各国的政府和技术部门担任重要职位，他们比老一辈领导人更乐意接受日本发挥更多的政治作用。

1993年1月16日，宫泽喜一首相在曼谷发表了题为《亚洲太平洋新时代及日本与东盟的合作》的演说（后被称为"宫泽主义"）。提出冷战后日本对东盟的基本政策，即积极参与包括东盟在内的亚太地区政治、安全对话，进一步密切日本与东盟的政治、经济合作，发挥日本的主导作用，强调要推动日本、东盟、印支三方建立共存共荣和互惠关系。此外，他还提出针对柬老越三国的"共同合作式援助"构想，建议举办印度支那综合开发论坛，强调日本要与东盟老成员国共同合作，援助柬老越三国。特别是经济发展潜力巨大的越南以及传统上与日本关系密切的柬埔寨，更成为日本援助的重点对象国[①]。

90年代后半期，越南（1995年7月）、老挝和缅甸（1997年7月）、柬埔寨（1999年4月）相继加入东盟，东盟最终实现了由东南亚十国组成"大东盟"的目标。至此，日本可以将东盟十国作为一个完整的地区来对待。1997年爆发的亚洲经济危机虽然给东盟各国带来了一定的负面影响，但东盟的整体实力仍不容小觑。作为一个整体，东盟在亚太经济合

---

① 《日本经济新闻》1993年1月17日。

作组织（Asia – Pacific Economic Cooperation，APEC）、东盟地区论坛（ASEAN Regional Forum，ARF）、亚欧会议（Asia – Europe Meeting，ASEM）和 10 + 3 会议中均发挥了主导作用，其国际地位不断增强。有鉴于此，日本更加重视借助东盟力量，试图与东盟建立包括经济、政治与安全合作在内的全面的"平等伙伴"关系。其目的是发挥日本在这一地区的政治大国作用，借助东盟提高自己的政治地位。

6. 桥本主义的出台

随着东盟的国际地位不断增强，日本开始寻求从以援助为中心的"奉献外交"转向对等的"协调外交"。1996 年 1 月，桥本龙太郎出任首相，同年便出访了菲、泰两国。1997 年 1 月 7 日至 14 日，桥本首相对文莱、马来西亚、印尼、越南、新加坡等国进行访问。桥本在离开东京前为此次访问定下基调：过去日本同亚洲国家首脑主要讨论经贸问题，现在已是改变话题的时候了，这次同东盟领导人将着重讨论全球政治问题。外务省官员认为，"东盟成立 30 周年之际正是日本表明改变对东盟政策的绝好机会"①。1 月 14 日，桥本在访问终点站新加坡发表了题为《为迎接日本—东盟新时代而进行改革：建立更广更深的伙伴关系》的演说（后被称为"桥本主义"）。

---

① 日本《读卖新闻》1997 年 1 月 5 日。东盟成立于 1967 年。

桥本提议在首脑对话、文化合作、解决全球课题三方面加强合作。同以往日本首相的东南亚之行相比，桥本的此次访问具有如下突出特点：第一，作为日本首相，首次没有提及对侵略历史的反省，也没有重申"不做军事大国"的承诺。第二，日本谋求把"以援助为主的关系"改变为平等合作的协调关系。日本政府官员称，打算与东盟建立"平等伙伴"关系。第三，日本谋求把过去偏重经济的关系改变为包括政治与安全合作的全面关系①。

7. 贸易与投资齐头并进

GMS 五国是日本重要的出口市场，每年它们之间的贸易额达 400 多亿美元，远远超过中国。其中，日本与泰国和越南的双边贸易额相对较大，而与柬、老、缅三国的贸易额则比较小。日本关税协会的历年统计资料显示，日本主要向 GMS 五国出口机电产品、钢铁、汽车以及试验设备等技术密集型工业产品。从 GMS 五国进口的产品大多为农产品、水产品、木材、家具、原油、纺织品和家电产品等劳动密集型、材料密集型商品。鉴于双方经济互补性较强，日本正准备进一步加强与 GMS 五国的贸易关系。2006 年 11 月 19 日，安倍晋三首相与越南总理阮晋勇在河内举行会谈时，同意将双边

---

① 日本《读卖新闻》1997 年 1 月 15 日。

贸易由当时的 80 亿美元提升至 2010 年的 150 亿美元。为实现上述目标，日本将对越南农产品、水产品、纺织品和原油等进一步开放市场。同时，越南将增加从日本进口机电产品、钢铁、电子产品、摩托车和纺织品原料等①。经过各方的努力，日本和 GMS 五国之间的贸易额已经有了大幅度提升，详情参见表 1 – 1。

日本对东南亚的直接投资则始于 1951 年，其主要目的是对东南亚各国的自然资源进行"开发和进口"。通产省（现为经济产业省）在日本经济合作政策决定过程中占有举足轻重的地位，其对经济合作的方针是："应为扩大出口市场、确保贵重原材料的进口市场做贡献。"② 在该方针指导下，日本在对东南亚等地区实施 ODA 的过程中，形成了贸易、投资、援助"三位一体"的经济合作方式③。自 1985 年日美两国签署《广场协议》以来，日元大幅升值，更促使日本的资金大量流入东盟国家。日本对东盟的直接投资主要集中在东盟老成员国中，但近年来对越南等东盟新成员国的投资也在增加。如表 1 – 2 所示，在 GMS 五国中，泰国当属日本直接投资的最大对象国。越南自 1992 年以后也备受日本投资者的青睐，日本

① 越南《西贡解放报》2006 年 11 月 20 日。
② 〔日〕渡边昭夫编《战后日本的对外政策》，有斐阁，1991，第 141 页。
③ 金熙德：《日本对东南亚外交的转折——从福田主义到桥本主义》，《当代亚太》1998 年第 7 期，第 4 页。

表 1-1 日本与 GMS 五国贸易统计

单位：百万美元

国别	类别	1990	1995	2000	2005	2009	2010	2011	2012	2013
柬埔寨	合计	8	84	69	185	255	367	514	638	792
	出口	5	77	58	79	112	158	205	234	210
	进口	3	7	11	106	143	209	309	404	582
老挝	合计	24	59	35	28	100	103	100	175	261
	出口	20	29	24	20	62	76	62	78	137
	进口	4	30	11	8	38	27	38	97	124
缅甸	合计	142	251	324	296	543	653	1101	1931	1813
	出口	101	157	216	92	202	264	508	1258	1056
	进口	41	94	108	204	341	389	593	673	757
泰国	合计	13273	29849	25479	38267	38290	55277	61828	67560	58410
	出口	9126	19715	15315	22600	22254	34236	37399	43847	36220
	进口	4147	10134	10164	15667	16036	21041	24429	23713	22190
越南	合计	809	2637	4876	8170	13480	16750	21640	24593	24901
	出口	214	921	2301	3610	6518	9020	9817	10231	10589
	进口	595	1716	2575	4560	6962	7730	11823	14362	14312

资料来源：日本关税协会：《外国贸易概况》各年版。

表1-2 日本对 GMS 五国直接投资统计

单位：百万美元

国 别	2005	2006	2007	2008	2009	2010	2011	2012	2005~2012 年累计
缅 甸	0	0	0	0	0	—	2	31	33
柬埔寨	2	5	31	38	7	6	22	14	125
老 挝	0	0	18	10	13	8	11	—	60
泰 国	2927	2576	3155	2458	1362	3355	934	5800	22567
越 南	146	334	876	1155	181	1052	1248	2863	7855

资料来源：ASEAN Secretariat，ASEAN FDI Database as of 31 October 2013。

企业在 20 世纪 90 年代中期和 2001 年以后，先后掀起了两次投资越南的热潮。一些投资中国的日本企业为降低单纯依赖中国的风险，也正在考虑实施"China + 1"战略，将部分在华企业迁往劳动力价格低廉的柬老缅越四国。此外，日本已同泰国和越南签署了经济合作协定（Economic Partnership Agreement，EPA）。

相比之下，日本对柬埔寨、老挝和缅甸的直接投资非常少。由于日本与 GMS 五国存在着发展阶段的巨大差距，因此日本在次区域谋求的是一种广泛的国际分工与合作关系。如前所述，日本十分注重把国内产业结构调整与对 GMS 五国贸易与投资结合起来，以实现日本主导下的"雁行模式"和以日本为核心的产业转移和产业循环①，从而逐步把次区域由单纯

---

① 李皖南：《日本对东盟直接投资的变化及评价》，《东南亚研究》2005 年第 6 期，第 42 页。

的原材料、资源的供应地，转变为制造业投资基地。据统计，目前已经有 8000 多家日本企业进驻 GMS①，2008 年日本对 GMS 五国的直接投资额达 31.3 亿美元②，日本已经成为次区域最大的外来投资国。

① 翟昆：《日本经援外交新攻势》，《人民日报》2008 年 1 月 10 日。

② Prepared from Ministry of Finance (Japan), *Outward/Inward Direct Investment 2008*, see website http://www.mof.go.jp/fdi/sankou01.xls (8 April 2009).

二 冷战后日本与 GMS 五国的关系

为了在政治上扩大日本影响，在经济上加强日本与 GMS 五国之间的经贸联系，日本在冷战后通过加强高层往来，扩大经贸合作，增加 ODA 等方式，不断密切与 GMS 五国之间的双边关系。

1. 日本与柬埔寨关系

1953 年，日本与柬埔寨正式建立了外交关系。但直到 20 世纪 90 年代柬埔寨开始和平进程以后，两国关系才得以稳固和快速发展。柬埔寨问题巴黎和平协定签署后，日本积极支持柬埔寨的重建工作，并担任了柬埔寨重建国际委员会主席。2000 年 1 月，日本首相小渊惠三对柬埔寨进行正式访问，这是时隔 43 年来日本首相首次访柬。柬埔寨首相洪森对日本在柬恢复和平与经济重建中所做出的积极贡献表示高度赞扬和感谢，并希望日本在帮助缩小穷国与富国的差距方面发挥更积极的作用。小渊也表示将继续支持柬埔寨政府为巩固国内和平和促进经济发展做出新的努力，并承诺分别向柬提供 280 万美元和 1900 万美元的非项目援助，用于排雷与安顿地雷受害者的生活及支持柬埔寨的经济发展。从 1991 年 10 月至 2004 年，日本对柬埔寨实施援助成为日柬双方对话的主要内容，日本也已成为柬埔寨的最大援助国。而柬埔寨也非常重视发展同日本的关系，从不谴责日本在二战期间的罪行和日本领导人参拜靖国神社，也不批评日本发展军事力量[①]。

如前所述，日本积极参与和平解决柬埔寨问题的进程。1997 年 7 月，柬埔寨首都金边发生大规模武装冲突，第一首相拉那烈被迫流亡国外。日本十分关注柬埔寨局势，并于 1998 年 1 月就解决柬埔寨政治僵局提出四点折中方案，得到有关各方的欢迎。日本在促成拉那烈回国参加 1998 年 7 月 26 日的选举方面发挥了积极作用。此外，日本还一直非常关注柬埔寨审判红色高棉（审红）这一国际热点问题。2003 年 1 月，联合国决定与柬埔寨政府一起打破僵局，就审红一事继续进行磋商，寻求解决方案，日本成为推动该工作的主要国家之一[②]。2003 年 5 月 13 日，在日本和法国的申请下，协议草案在联合国大会审议并通过。为从财政上保证审判工作正常运

---

① 李晨阳、瞿健文、卢光盛、韦德星编著《列国志——柬埔寨》，社会科学文献出版社，2005，第 381 页。

② 柬埔寨《星洲日报》2003 年 4 月 6 日。

转，日本政府不仅负担了柬埔寨审红法庭相关费用的一半，积极呼吁其他国家为特别仲裁庭提供运作资金，还向法庭派遣了日本籍法官直接参与审判工作[①]。

与日本每年对柬埔寨提供的巨额援助（详细金额后述）相比，日本与柬埔寨的经贸关系相对较弱。投资方面，如表 1 - 2 所示，2008 年日本对柬直接投资额为 3800 万美元。截至 2008 年年底，日本对柬埔寨直接投资累计额仅为 1.27 亿美元，在对 GMS 五国的投资额中最少，在对柬投资国中仅排第 12 位[②]。在 GMS 五国中，柬埔寨自然资源虽谈不上丰富，但其近海亦埋藏大量石油天然气资源。由于历史原因，柬埔寨于 1992 年才开始进行石油天然气勘探活动。当时，随着政局的稳定，柬埔寨政府拿出 6 个海上勘探区块和 9 个陆地勘探区块进行国际招标，俄罗斯、法国、澳大利亚和印尼等国家的石油公司纷纷介入。2005 年，雪佛龙公司宣布在柬埔寨西海岸 6000 平方公里范围内发现石油，并将这一区块称为 A 区块，而日本三菱石油开发株式会社在其中占了 30% 的股份[③]。这一发现，结束了柬埔寨没有石油资源的历史。柬埔寨的能源预测吸引了包括日本在内的

---

① 〔日〕福岛清介编《新生柬埔寨的展望——从红色高棉屠杀到大湄公河次区域共存合作的时代》，日本国际问题研究所，2006，第 94 页。

② ASEAN - Japan Center, *ASEAN - Japan Statistical Pocketbook 2008*, Tokyo: ASEAN - Japan Center, 2009, p. 83.

③ 〔日〕福岛清介编《新生柬埔寨的展望——从红色高棉屠杀到大湄公河次区域共存合作的时代》，第 100 页。

众多跨国能源企业争夺柬埔寨另外 5 块油田的开采权。2007 年 6 月，日本首相安倍晋三在东京会晤了柬埔寨首相洪森，为推动日本企业投资柬埔寨，扩大双边贸易，双方签署了《日本—柬埔寨投资协定》（2008 年 7 月实施），并发表共同声明，提出日本将协助柬埔寨开发资源①。贸易方面，2008 年日柬双边贸易额为 3.03 亿美元，比 2007 年增加 21.6%，其中对柬出口 1.84 亿美元，进口 1.19 亿美元，对柬出口额首次超过了进口额。日本对柬主要出口商品有汽车、机电产品、普通机械等；从柬主要进口纤维产品、木材、食品、水产品、鞋、木制品等劳动密集型或资源密集型产品。

2. 日本与老挝关系

日本与老挝于 1952 年 12 月正式建立外交关系。日本认为，老挝地处拥有 2.5 亿人口的 GMS 大市场的中心位置，从地缘政治的角度看，老挝的发展、稳定和繁荣不仅有利于 GMS，甚至有利于整个东亚地区②。因此，日本非常重视发展与老挝的双边关系，两国高层来往频繁。特别是自 1988 年老挝外长西巴色访问日本以后，两国政府间交往逐年增多。1989 年，日本首相海

---

① 搜狐财经：《日本和柬埔寨签署协定，加强石油天然气资源开发》，参见其网站 http://business.sohu.com/20070614/n250578733.shtml（2007 年 6 月 14 日）。

② 日本外务省：《政府开发援助（ODA）数据 2008》，2008，第 118 页。

部俊树和老挝部长会议主席凯山·丰威汉进行了互访，双方就发展经贸合作、人才交流和日本对老挝援助等问题深入交换了意见。1990 年 8 月，日本外长中山太郎访问老挝，双方签署了关于维修老挝南俄水电站大坝及其第 4 期工程计划和关于万象平原农业发展计划。1995 年 5 月，老挝总理坎代·西潘敦访问日本，两国友好合作关系得到加强①。进入 21 世纪以来，日本与老挝的友好合作关系继续发展。2000 年 1 月，日本首相小渊惠三访问老挝，并宣布向老挝提供 4.03 亿日元的无偿援助。2002 年，老挝总理本扬·沃拉吉访日，与日本首相小泉纯一郎进行了会谈。2009 年 5 月，老挝总理波松访问日本，与日本首相安倍晋三共同发表了联合声明，宣布将加快投资协定的谈判进程，并建立"日本－老挝官民联合对话"机制，以进一步加强两国之间的交流与合作②。2008 年 5 月，老挝国家主席朱马利作为国家领导人首次访问日本，两国发表了联合公报，宣布将在环境和气候变化问题上进一步加强合作③。

---

① 马树洪、方芸编著《列国志——老挝》，社会科学文献出版社，2004，第 335 页。

② Ministry of Foreign Affairs of Japan, *Joint Press Statement on Japan - Lao PDR Summit Meeting*, see website: http://www. mofa. go. jp/region/asia - paci/la-os/joint0705. html（May 14，2007）.

③ Ministry of Foreign Affairs of Japan, *Joint Announcement on Enhanced Cooperation in Environment and Climate Change Issues between Japan and the Lao People's Democratic Republic*, see website: http://www. mofa. go. jp/region/asia - paci/laos/joint0805. html（May 22，2008）.

关于日本与老挝的经贸关系，在投资方面，2003 年以来，日本对老挝的直接投资额一般仅为数百万美元，而在 2007 年则达到了创纪录的 1800 万美元。2007 年，日本对老挝投资列对老投资国中的第 11 位。日本对老挝投资的领域主要涉及农业、水电站、制造业、木材加工业、服务业、建筑业以及贸易、保险等领域①。特别是近年来日本关西电力、丸红和神户绿色电力等大型企业积极参与老挝中部地区的水电开发，并已取得了成绩。为进一步促进日本对老挝的投资，日本和老挝政府于 2008 年 1 月签署了《投资协定》，并于当年 8 月起正式实施。贸易方面，如表 1 - 1 所示，2008 年两国贸易额为 8000 万美元，比 2007 年增长 60%，且日本方面为绝对的出超。从贸易商品种类来看，日本主要从老挝进口农产品、木材及木制品、纺织品等劳动密集型和资源密集型产品。在日本对老挝出口产品中，化学产品、钢铁、普通机械、机电产品和汽车等工业制品居多②。

3. 日本与缅甸关系

1988 年 9 月缅甸军政府上台之初，日本先是表示希望其

---

① 〔日〕铃木基义：《老挝经济的基础知识》，日本贸易振兴机构，2009，第 25 ~ 26 页。

② ASEAN - Japan Center, *ASEAN - Japan Statistical Pocketbook 2008*, Tokyo: ASEAN - Japan Center, 2009, pp. 54 - 55.

能以民主的方式解决国内问题，并表示承认该政府的条件是新政府必须是民主选举的。1989 年 1 月，日本政府决定暂停对缅经济援助。但在缅甸的 13 家大型日本公司不断游说政府，希望维持与现政权的关系，否则日本公司将会蒙受重大的损失，丧失在缅甸的经济权益。同时，在日本有许多曾到过缅甸的旧军人、官员和议员及企业，成为缅甸军政府的代言人，也影响着日本的缅甸政策。1989 年 2 月，日本承认了缅甸军政府，并恢复部分经济援助。日本由此成为西方阵营中最先承认缅甸军政府的国家。1990 年 5 月，日本外务省官员河野雅治为日本的对缅政策辩解道："我们能自动地将军事统治与镇压人权等而视之吗？我不确定缅甸违反人权的状况是否如同西方所报道的那样广泛，因为缅甸尚未达到民主阶段，国家安全应是第一优先。"① 从中可看出日本对缅政策的一些端倪。

虽然日本也曾响应美国的号召对缅甸政府实施了制裁，但为了保持与缅甸的特殊关系并维护日本在缅甸的既得利益，其政策逐渐发生了转变。日本希望通过与缅甸军政府保持"建设性接触"的方式，来促使缅甸逐步走向民主化进程②。

---

① Bertil Lintner, "The Odd Couple", in *Far Eastern Economic Review*, July 11, 1991, p. 41.

② 〔日〕秋元由纪：《缅甸的开发与人权·环境问题——美国 NGO 的视角》，《千叶大学公共研究》第 2 卷第 1 期（2005 年 6 月），第 10 页。

它一方面呼应美国制裁缅甸的要求，另一方面也恢复对缅甸的投资与援助，对民间企业在缅甸的投资则采取较为宽容的政策以继续保持与缅甸政府的联系渠道，双边接触也从未完全停止。而缅甸军政府在面临国内凋敝的经济形势以及国外西方国家制裁的情况下，也非常希望获得这个"西方民主国家"的经济援助，以缓解国内的经济问题和打开与西方国家关系的缺口①。自此，缅甸与日本在政治、经济、文化、教育和学术等领域开展了广泛的交流与合作。另外，日本还积极在美国和东盟之间发挥协调作用。例如，1997 年 5 月 30 日，东盟排除欧美的压力决定接纳缅甸加入该组织，日本政府就此表示，不应把东盟决定接纳缅甸看作是对军政府的原谅②。日本政府的这一表态，为缅甸顺利加入东盟发挥了积极的作用。

1997 年，日本政府决定提升与缅甸的经济关系。缅甸贸易部长突木就此表示如果缅甸能得到外界实质的财务支持，缅甸的经济成长会像火箭般地发展③。1998 年日本向缅甸提供 1100 万美元的政府援助以及 1950 万美元的贷款以修复仰

---

① 毕世鸿：《从日本对缅甸"袈裟革命"的反应看日缅关系》，新加坡《联合早报》2007 年 10 月 18 日。

② 徐万胜：《日本政治与对外关系》，人民出版社，2006，第 281 页。

③ Anonymity, "Japan Upgrades Economic Links", in *Southeast Asia Monitor*, Vol. 7, No. 3 (March 1996), p. 12.

光机场，并承建了一系列的工业项目。1999 年 11 月，在马尼拉的东盟与中、日、韩 "10 + 3" 领导人会议上，日本首相小渊惠三同缅甸政府一号人物丹瑞举行了 "划时代" 的会谈。会后，日本前首相桥本龙太郎随即访问了缅甸。2000 年，日缅两国在经济、文化、卫生、禁毒等领域的合作不断发展，尤以日本通产大臣深谷隆司赴缅参加 5 月初在仰光举行的东盟与中日韩贸易部长会议最具象征意义，这是自 1988 年以来日本内阁成员首次访缅①。同年 6 月，缅甸首相钦纽率团参加了日本前首相小渊惠三的葬礼并拜会了日本首相森喜朗等政要。2001 年缅甸在日本的游说活动使日本答应斥资 2900 万美元，对缅甸的水电站进行修缮以及免除缅甸 1000 多万美元的债务。2002 年，一方面日本以缅甸未能偿还已贷款项决定不延长对缅的日元贷款，但另一方面却又恢复了对缅甸的 ODA，并在年末宣布免除缅甸 1500 亿日元的债务（超过缅甸欠日本 4000 亿日元债务总额的 1/3）②。除了对缅甸提供援助以外，1988 ~ 2012 年，日本共向缅甸投资 2.47 亿美元，名列对缅投资国的第 12 位。并且，日本还是缅甸的第 4 大贸易伙伴。目前，"日本制造" 在缅甸是产品质量和信

---

① 刘务：《缅甸外交政策的新调整：从对华友好到大国平衡外交》，《东南亚研究》2007 年第 2 期，第 46 页。

② 〔日〕山田厚史：《日本宣布放弃对缅甸 1500 亿日元的债务》，《朝日新闻》2002 年 12 月 22 日。

誉的象征，可见日本在缅甸老百姓中口碑不错。

2007 年 9 月下旬，在仰光爆发的大规模游行示威中，日本摄影记者长井健司在冲突中遇害。日本政府迫于国际国内舆论的压力，表面上对缅政府提出抗议，并扬言要采取"强制措施"，以附和欧美等国，但实际上并没有追随欧美等国对缅实施制裁的主张，甚至罕见地和西方盟友意见分歧，在某些方面唱反调，仍然拒绝停止为缅甸提供援助。由此可见，日本政府不会因缅甸国内问题而割断与缅甸政府的联系，并试图同缅甸保持特殊的伙伴关系。

此外，日本政府也在保持与缅甸良好的双边关系的基础上，通过与缅甸领导人对话等形式直接进行说服工作。例如，日本政府于 2002 年和 2003 年先后派遣外长川口顺子和前首相森喜朗访问缅甸，与缅甸领导人丹瑞进行了会谈。2007 年 12 月，日本首相福田康夫在新加坡出席东亚领导人会议期间，专门会晤了缅甸总理登盛。2008 年 1 月，日本与 GMS 五国在东京联合召开首次"日本－湄公河地区外长会议"期间，日本外长高村正彦也对缅甸外长吴年温进行了说服工作①。

---

① Ministry of Foreign Affairs of Japan, *Meeting of Mr. Masahiko Koumura, Minster for Foreign Affairs of Japan, and U Nyan Win, Minister for Foreign Affairs of Myanmar*, see website: http://www.mofa.go.jp/announce/announce/2008/1/1177295_824.html (January 21, 2008).

2011 年缅甸新政府上台后，日本有意以缅甸从军政府过渡到民选政府为契机，进一步发展两国关系。在 2011 年第三次"日本 – 湄公河地区首脑会议"期间，日本首相野田佳彦和缅甸总统登盛会晤，野田对于缅甸新政府推出的一系列政治、经济改革举措表示赞赏。日本宣布将放弃其对缅甸所持有的超过 3000 亿日元的债权，表示将再次开放对缅甸冻结的日元贷款项目，这为两国扩大经济合作扫清债务问题的障碍①。2012 年 1 月，日本经济产业大臣枝野幸男率团访缅，表明了日本欲扩大对缅基础设施建设、贸易和投资等经济合作的态度。日本还特别重视东西经济走廊缅甸段的建设启动工作，并多次派团到走廊沿线进行考察。2 月，日缅两国政府代表开始就签署《日缅投资协定》展开谈判。3 月，日本政府决定向缅甸提供 16 亿日元无偿援助资金，并计划恢复对缅优惠贷款。

在 2012 年第四次"日本 – 湄公河地区首脑会议"上，日本决定免除缅甸拖欠的 37 亿美元债务，成为日本迄今为止所放弃的最大规模的债权，日本还承诺对缅甸提供 1230 万美元援助。会上，日本共向 GMS 五国提出 57 个具体合作项目，其中越南数量最多为 26 个，其次是缅甸有 12 个，日渐开放

---

① Ministry of Foreign Affairs of Japan, *Meeting between Prime Minister Noda and Myanmar President Thein Sein*, see website: http://www.mofa.go.jp/announce/jfpu/2011/11/1125 – 01. html（November 25, 2011）.

的缅甸已成为日本扩大外需的重要市场。缅甸总统登盛在东京会见日本媒体时也反复强调，为了扩大就业和经济发展，希望获得日本在技术、人才开发、投资领域的支持。会议期间，野田佳彦在与登盛举行会谈时，对缅甸的民主化进程表示了赞赏，并表示将再次开放1987年起对缅甸冻结的日元贷款项目。此外，日本目前对缅甸所持有的债权达5000亿日元，日本政府宣布将放弃其中超过3000亿日元的债权，为两国扩大经济合作扫清了债务问题的障碍。2012年10月，日本政府牵头在东京召开援助缅甸国际会议，宣布将解除缅甸的拖欠债务，于2013年恢复对缅日元贷款。可以预见，日本将首先利用扩大ODA的规模作为切入点，打开缅甸市场，投资领域将首先集中在劳动密集型产业、基础设施和能源等领域。

2013年1月初，新年假期未过，日本副首相麻生太郎便急忙前往缅甸访问，谋求与缅甸强化经济合作和战略关系。访缅期间，麻生不仅宣布提供500亿日元的援助，还宣布免除缅甸的5000亿日元的债务。这意味着安倍政权已经启动经济外交，恢复对缅甸停止20多年的经济援助。日本对缅甸的经济投入是全方位的。诸如，日本计划帮助缅甸在2015年建成迪拉瓦港口经济特区，在缅甸的航运、铁路、公路及航空交通等领域向缅甸提供帮助，在当地开展稀土、钨、钼等金属矿山的地质勘查，将投资缅甸近海石油开发，与缅甸共同开发稀土等天然矿物资源。日本如此重视缅甸，背后有着深刻的经济利益和战略利益的考量。尤其在缅甸不断推进民主化进程，并与美国改善关系特别是奥巴马亲自访问缅甸以后，愈来愈契合日本的"价值观外交"和"自由与繁荣之弧"方针，日本在"重返缅甸"方面，已大大提速①。

在亚行规划的 GMS 东西经济走廊建设计划中，缅甸是该走廊通往印度洋的出海口。日本计划建成缅甸土瓦港连接泰国、老挝和越南的东西经济走廊，该走廊横贯东西、连接印度洋及太平洋，与绕道马六甲海峡的漫长航线相比，行程至少可缩短 2316 公里，节省 4 天时间。目前缅甸土瓦港经济特区已经成为各方力量都希望介入的重要地区。目前日本国际合作银行已经承诺在土瓦投资 125 亿美元，支持意大利公司主持的缅甸土瓦深水港经济特区项目。对于昆明—皎漂经济走廊建设计划，日本更迫切希望介入皎漂港的规划、设计和建设，以取代中国在该项目上的主导地位，并借此实现对昆明—皎漂经济走廊关键节点的控制，对中国"桥头堡"战略的实施形成制约，甚至阻碍中缅合作关系的发展。

4. 日本与泰国关系

冷战结束以后，日泰两国交往在新的国际和地区形势下开

---

① 〔新加坡〕侯金亮：《日本"重返缅甸"让中国边缘化》，联合早报网，2013 年 1 月 7 日，网址：http://www.zaobao.com/yl/tx130107_002.shtml。

始在各领域、深层次上展开。经济合作仍然是两国交往的重点，尽管日本由于受到 20 世纪 90 年代初期泡沫经济崩溃的影响，进入了所谓"失去的 10 年"的经济萧条期，但日本仍然是泰国重要的贸易伙伴、投资和 ODA 来源国。1997 年以泰国为震源爆发了亚洲金融危机，日本起初并未向泰国等东南亚国家提供及时援助，反而为保护本国利益而放任日元贬值，导致危机进一步扩大，招致东南亚各国的普遍不满。但在其后的金融重建过程中，日本表现积极，不仅单独向泰国提供了约 40 亿美元的援助，还在国际货币基金组织提供的 40 亿美元贷款中占了很大比例，并在泰国经济恢复过程中不断提供财政援助①。日本此举获得泰国工商界一致好评。2001 年 5 月，日泰两国政府签署了旨在稳定金融市场的《货币互换协议》，以共同防范类似危机再次爆发。同年 11 月，两国还签署了 2001 ~ 2005 年日泰《经济合作伙伴协定》。日本政府同意向泰国提供 47 亿日元的贷款，用于兴建连接泰国穆达汉和老挝沙湾拿吉、横跨湄公河的第二座湄公河泰老友谊大桥。该桥是日本援建东西经济走廊的标志性和关键性控制工程，并已于 2006 年 12 月开通使用，为打通东西经济走廊奠定了坚实的基础。2001 年 11 月，中国和东盟十国领导人达成协议将在 10 年内建成中国

①〔日〕种田博：《经济恢复期间国际金融机构和日本政府援助的作用》，国际通货研究所编《东南亚地区金融问题研究会报告》，2001 年 2 月，第 92 页。

—东盟自由贸易区（China – ASEAN Free Trade Area, CAF-TA），一直视东南亚为后院的日本加快了与东盟国家的经济合作步伐。2002 年 1 月，日本首相小泉纯一郎专程访问包括泰国在内的东盟五国，旨在推动日本和东盟自由贸易区的建立。同年 4 月，小泉纯一郎与泰国总理他信在博鳌亚洲论坛期间举行会晤，同意建立联合工作组，就两国经贸合作面临的问题和建立双边自由贸易区的可行性进行探讨。2003 年 12 月，小泉纯一郎在东京举行的日本—东盟特别首脑会议上，正式提出要与泰国谈判建立自由贸易区。2007 年 4 月，日泰两国正式签署经济伙伴关系协定（EPA），泰国由此成为 GMS 五国中第一个与日本签订 EPA 的国家。

在双边经济关系方面，2009 年，日本是泰国最大的贸易伙伴、投资国和援助国，泰国已成为日本在东南亚地区重要的生产基地和市场，加入曼谷日本商会的日本企业已经达到 1310 家①。其中，日本丰田、五十铃和三菱汽车公司十年前就将泰国作为其皮卡车的全球生产基地②。在泰国的电子仪器制造行业中，日本公司占了总量的一半以上；在软件行业中，日本企业占 20% 左右。日本近年对泰的援助主要集中于农业和

---

① 日本外务省：《最近的泰国局势和日泰关系》，参见其网站 http://www.mofa.go.jp/mofaj/area/thailand/kankei.html（2009 年 10 月）。

② 张秋丽：《日本对泰国直接投资：特点及展望》，《东南亚纵横》2006 年第 9 期，第 27 页。

信息技术等方面。中国与泰国的经贸合作远远落在日本之后，日本对泰国的经济渗透越来越深。在与泰国的经济技术合作领域，日本在生物技术基础研究项目、农产品质量提高项目、出口农产品的开发、农作物优质种苗的生产技术、生物技术、乳制品开发项目、牧草种类开发项目、动物健康管理项目、水产品加工的高质量开发项目等的研究、开发以及人才培养等领域提供了大量的援助和支持。此外，日本认为，信息化社会将成为日泰关系的重要组成部分。受日泰两国政府的委托，两国的相关研究人员对于泰国信息系统的开发、实行、支援和提高以及信息产业基础设施建设等 10 个领域展开合作，完成了一系列的建议报告。除此之外，泰国也向日本提出，对泰国周边的老挝、缅甸、柬埔寨和越南等国进行 IT 技术培训等支援，日本对此也给予了积极的回应。

此外，日泰两国在政治、文化、安全等领域的合作也得到了很大发展。随着包括 GMS 五国在内的东盟整体实力的增强和国际地位的逐步提升，日本对 GMS 五国的外交也开始从以援助为中心的"奉献外交"转变为以对等合作为中心的"协调外交"。2002 年 1 月，日本首相小泉纯一郎访问泰国时强调要增进日本与东盟在政治和安全领域的合作。基于此，近年来日本与 GMS 五国在禁毒、打击海盗、反走私和预防传染病等非传统安全领域的合作发展很快，并有逐渐向传统安全领域扩展的趋势。特别是"9·11"事件和印尼巴厘岛爆炸案的先后发生，以及美国借反恐之机重返东南亚，都为日本进一步加强与 GMS 五国的安全合作提供了机会，而"日美防卫合作新指针"等相关法案的出台则为日本向海外派兵铺平了道路。对于一贯奉行大国平衡战略的泰国来说，在美国主导下与日本开展军事合作将有利于地区平衡，有益于地区稳定和本国的安全保障。据此可以认为，日泰两国在安全领域的合作还将会进一步发展①。

5. 日本与越南关系

随着冷战结束以及柬埔寨问题的和平解决，日越关系有了显著的发展，尤其是两国间的经贸合作进入了前所未有的快速发展的新阶段。日本首先恢复了对越南的 ODA。1992 年，日本将越南列为实施 ODA 的 10 个重点国家之一，总额为 2.81 亿美元②。1993 年，日本首相宫泽喜一访问东盟国家时提出了针对印支国家的"共同合作式援助"构想，即与东盟合作共同对印支国家进行经济援助。同时，日本还担任了国际援助越南咨商会的主席，积极推动国际社会对越南进行多边经济援助③。

① 田禾、周方冶编著《列国志——泰国》，社会科学文献出版社，2005，第 262~263 页。
② 李春霞：《浅析日本对越南经济政策及双边经济关系》，《东南亚纵横》 2004 年第 4 期，第 46 页。
③ 许梅：《日本与越南的经贸合作及日越关系的发展》，《当代亚太》 2006 年第 3 期，第 41 页。

虽然日本政府从 2000 年度开始削减 ODA 预算，但日本承诺对越南的援助额却连续 3 年增加，2003 年度达到约 917 亿日元。2004 年 4 月，日本政府修改了对越南的援助计划，在计划开头的理念和目的部分写道："与中国接壤的越南，在我国对华外交的各种关系中也占有非常重要的地位。"[①] 日本期望越南能够在日中关系上起到政治军事平衡器的作用。基于这种考虑，日本推进对越南的 ODA 和经济外交[②]。

随着日越关系的恢复与不断发展，日越双方在投资和贸易领域里的合作也进一步得到加强。贸易方面，日越贸易额除 1998 年受亚洲金融危机影响比 1997 年减少 18% 以外，均呈快速成长趋势。日本自 20 世纪 90 年代以来是越南最大的进出口市场之一。以 2008 年为例，日本从越南进口额比 2007 年增加 47.3%，占越南出口总额的 15%；同年日本对越南出口额比 2007 年增加 36.9%，占越南进口总额的 9.4%[③]。2008 年日越进出口总额在越南的对外贸易中排第二位，仅次于中国，可见对日贸易在越南的对外贸易中占有重要地位。投资方面，在 20 世纪 90 年代以来日本对越投资中，经历了两个高潮时期，即 1995 年前后与 2004 年之后。日本对越投资，始于 1991 年，90 年代前半期在日本国内掀起了一个对越投资浪潮。当时日

---

① 日本外务省：《对越南国别援助计划》（修订版），2004 年 4 月，第 1 页。

② 日本《朝日新闻》2004 年 7 月 24 日。

③ *Direction of Trade Statistics 2009*（Website of International Monetary Fund）。

本对越南的投资形成浪潮的主要原因是由于日元的急剧升值促使日本企业纷纷进入越南。然而进入 1996 年，日本对越投资开始出现下降的趋势，1997 年亚洲金融危机更使日本对越投资急速下滑。为改变这种局面，日越两国政府于 2003 年 11 月签署了《日本—越南投资协定》①，并于同年 12 月发表了旨在改善越南的投资环境和增强越南吸引投资的竞争力的共同倡议②。此举取得了很大成效，促使 2005 年日本对越南新投资项目达 97 件，在历年中占最高。2006 年的日本对越投资额达 4 亿美元，2008 年更突破 10 亿美元。

日本之所以加大对越南的投资，除了越南拥有受过较高教育水平的劳动力、廉价的劳动力以及拥有本地市场等优势外，另一个非常重要的原因是从政治因素的考量出发，分散集中于中国的投资风险，一些企业把投资转向越南。近年来，在日本国内企业界流行着"中国 + 1"的说法③，即为了分散投资风

---

① 日本外务省：《日本国与越南社会主义共和国有关促进和保护投资自由化的协定》，参见其网站 http：//www. mofa. go. jp/mofaj/gaiko/treaty/shomei_5. html（2003 年 11 月 14 日）。

② 日本外务省：《为加强竞争力和改善投资环境的日越共同倡议》，参见其网站 http：//www. mofa. go. jp/mofaj/area/vietnam/pdfs/report0312. pdf（2003 年 12 月 4 日）。

③ 近年来，日本产业界流行三个名词，即产业回归、BRICs 和"中国（China）+ 1"。对日本企业而言，这三个词都与中国有关，堪称分散中国风险的代名词。所谓"产业回归"，是指自 2003 年日本企业将关键产业撤回国内，扩张国内生产基地的行动。近几年，索尼将数码摄像机生（转下页注）

险，除了投资中国以外，同时还把越南等发展较快的国家作为第二投资地。特别是受越南 2006 年加入 WTO 的影响，日本企业大举进军越南，一些在中国投资设厂的日本企业也将企业迁往劳动力低廉的越南。2006 年 11 月 19 日，日本经团联会长御手洗富士夫在陪同安倍首相参加 APEC 会议并访问越南期间，向越南总理阮晋勇表示，仅此次访越的 60 家日本企业就计划在最近几年对越南投资约 850 亿日元①。据日本贸易振兴机构（Japan External Trade Organization，JETRO）针对日本企业的问卷调查，在与投资环境有密切关联的社会政治稳定性、优惠的税收制度、优秀人才以及廉价劳动力等方面，将来一段时间内日本企业对越南的信心的确较中国要大些②，从这点看出日本对越投资至少在将来的一段时间内会持续增长。2008 年 12

(接上页注③)产部分回撤日本，夏普则建设了龟山液晶显示屏生产基地。主要企业的回归带动了相关企业紧跟回流。BRICs 则是指巴西、俄罗斯、印度和中国这 4 个新兴市场国家群，乃取其英文第一个字母组合而成。美国高盛公司报告预测，到 2039 年四国经济规模将超过当前世界最发达的美、日、德、英、法、意的总和，2050 年世界将出现"中、美、印、日、巴西和俄罗斯"的新 G6。四大新兴市场国成为世界经济最具潜力的投资亮点，也成为日本企业的战略焦点。"中国 +1"最直接体现了日本企业对中国风险的危机意识，堪称分散对华投资风险的战略组合。

① 日本外务省：《日越首脑及经济界要人会议》，参见其网站 http：//www.mofa.go.jp/mofaj/kaidan/s_abe/apec_06/kaigo_jv.html（2006 年 11 月 19 日）。

② 日本贸易振兴机构：《在亚洲和大洋洲日资企业活动现状调查（2008 年度）》，2009 年 3 月，第 155 ~ 157 页。

月，日本和越南签署了经济伙伴协议。继越共总书记农德孟 2009 年 4 月访日之后，越南总理阮晋勇又于 5 月访日，并同日本首相麻生太郎发表联合声明，承诺把双边关系发展成战略伙伴关系，希望两国快速批准经济伙伴协议，并把双边经济关系发展成比"中国 + 1"战略更强大的关系①。

　　冷战结束以来的日越经济关系稳步快速发展，反映了两国在追求各自国家利益中，各自所需得到了满足，利益一致。一方面，为发展国内经济，争取更大的国际市场、国外投资以及经济援助，越南积极发展同日本的经济关系。另一方面，日本则通过贸易、投资以及经济援助等方式，积极、稳步地扩大其对越的影响力。日本以其较为务实的经济手段正逐步发展、扩大对越经济关系，从而扩大自己的影响力。2006 年 10 月，日越两国宣布将尽快建立"为实现亚洲和平与繁荣的战略伙伴关系"。事实上，日越两国关系正日益密切，以物质为基础的经济关系使两国的政治关系更趋紧密发展②。

　　通过以上论述可知，冷战结束后，随着中国经济的飞速发展，国际地位的日渐提高，尤其是中国与 GMS 五国关系的不断改善，使得一向把东南亚作为"经济后院"并在该地区长

---

①　日本外务省：《日越首脑会谈》，参见其网站 http：//www.mofa.go.jp/mo-faj/area/vietnam/visit/0905_sk.html（2009 年 5 月 22 日）。

②　邓应文：《论 1990 年以来越南与日本的经济关系》，《南洋问题研究》2008 年第 2 期，第 24 页。

期发挥主导作用的日本充满了危机感。因此，通过经济合作尤其是经济援助进一步密切与 GMS 五国的关系，成为日本平衡和制约中国在次区域日趋扩大的政治经济影响力的重要手段。

综观日本与 GMS 五国经贸合作以及日本与 GMS 五国关系的发展历程，无不从经济和政治两个方面体现了日本对 GMS 外交的实质，也反映了日本东亚外交的重点所在。获取经济利益可以说一直是日本对 GMS 外交的主要目标，而不同时期政治利益和战略需求的变化也始终影响着日本对 GMS 政策的制定和调整（详见后述）。并且，随着国际格局尤其是东南亚地区政经形势的发展，政治和战略因素在日本对 GMS 外交中所占的比重正在逐步加强。可以说，经济既是目的又是手段，最终也是为政治服务的，而政治反过来又促进了经济利益的实现。

三　日本的 GMS 政策

（一）　日本出台 GMS 政策的背景

1. 实现由经济大国向政治大国的转变

冷战结束后，日本试图以此为契机，从根本上"告别战后"，改变其在国际上的政治弱势地位和"经济一流、政治三流"的形象，以一个政治大国的姿态，面向 21 世纪，面向亚洲和全世界①。同时，日本极力推进东亚地区的多边安全机制建设，深化和东盟的安全合作，倡导建立东亚共同体，并极力推动"10＋6"模式。日本的上述举动，均体现了其希望在东亚一体化过程中发挥主导作用的意图、抗衡日益崛起的中国以

---

① 梁云祥：《新世纪日本与东盟政治关系浅析——以日本为分析视角》，引自其于 2008 年 11 月 13 日在北京大学亚太研究院和北京大学东南亚学研究中心共同主办的"中日韩与东南亚：交流、合作与互动学术研讨会"上发表的该论文，第 4 页。

及保持日本在东亚影响力的战略考量。

然而，一个国家政治作用的提升不仅需要本国实力的增强和具有参与国际政治的意愿，同时也需要更多国家在政治上的认同和支持。日本当然知道，自己作为亚洲唯一的发达国家，有可能以亚洲代言人的身份同欧美等发达国家或国家集团共同携手去参与一些重大国际事务，或者至少应在本国所处的东亚地区占据主要地位。因此，这就需要日本首先在东亚地区获得广泛的政治支持。因此，提升同东盟国家特别是 GMS 五国之间的政治关系就成为日本推行政治大国化外交的必然选择以及迈向政治大国的最便捷和最有效的途径。

2. GMS 的地位不断上升

冷战结束以后，次区域实现了政治稳定，一跃成为最具发展潜力的地区之一。自 1992 年亚行主导实施 GMS 经济合作以来，次区域重新受到了国际社会的广泛关注。日本清楚地认识到，GMS 是东盟的一个重要组成部分，而东盟各国是日本的近邻，地理位置十分重要，处于太平洋与印度洋之间，扼守马六甲海峡等众多海上要冲。GMS 五国不仅与日本有着悠久的相互交往的历史，更是与日本在政治和经济领域保持着密切的相互依存关系的地区。而随着 GMS 五国经济实力的壮大和政治地位的提升，GMS 五国成为日本可以借助的一支重要力量，其在日本外交战略中的地位不断上升。GMS 五国现拥有约 2.3 亿人口、GDP 约 4067 亿美元（2008 年），国土面积 193.7 万平方公里，蕴藏着丰富的水资源、生物资源、矿产资源，具有巨大的经济潜能和开发前景，也是日本重要的海外投资地和援助地区。因此，日本积极开展 GMS 外交，谋求在与其他大国的竞争中占据优势，从而占领 GMS 市场也就是最显然不过的事情了。

为此，日本把 ODA 作为推进与 GMS 五国合作的主要手段，以扩大自身的影响。日本对 GMS 五国的 ODA 成为日本提高自身国际地位以及争取政治支持的有力手段，使 GMS 五国的外交走向符合日本对东亚共同体的构想，并有助于加强日本在东亚共同体中的主导地位[①]。

3. 配合美国的全球战略，构建东亚地区多边安全机制

美国过去一直担心日本在东亚地区构筑自己的势力范围，从而挑战美国的领导权。小布什担任美国总统后，认为推动日本在地区和全球发挥更突出的作用符合美国的利益。"9·11"事件后，美国不仅要求日本直接派兵支援其反恐战争，也希望日本在经济和政治上加强对东盟国家的支援，以争取这些国家对美国打击恐怖主义的合作。美国还希望日本配合其在东亚建

---

① 宋国友：《试析日本的东亚地区秩序战略》，《国际论坛》2007 年第 5 期，第 64 页。

立一个由美国领导、以美日同盟为基础的政治、军事合作机制，防范或遏制在亚洲出现排斥或挑战美国领导地位的势力①。近年来日本在 GMS 开展的外交活动，都有配合美国上述战略的意图。日本首相小泉纯一郎在 2002 年 1 月访问东盟时提出了东亚共同体构想，强调共同体不应有排他性，美国的作用非常重要，还主张把澳大利亚和新西兰拉进共同体。日本还提出让各国国防部长参加东盟地区论坛会议和建议召开亚太地区国防部长会议等，就是企图将目前由东盟起主导作用的政治性安全对话和合作，改变为由美国领导的军事性安全合作机制即"亚洲版北约"。

2006 年 11 月，日本政府就阐明了日本关于建设东亚共同体的基本理念，即"开放的区域主义""以促进功能性合作为中心"和"尊重普遍价值观、遵守全球化规则"②。上述原则是在不违背美国利益的基础上制定出来的，开放性即意味着不排斥美国在本地区的经济利益，功能性也显示不排斥美国在本地区的政治和安全作用，而全球化规则实际上就是美国所推行的价值观和规则。由于得到美国的暗中支持，日本更将次区域列为所谓"自由与繁荣之弧"的前沿。

---

① 陆国忠：《东亚合作与日本亚洲外交走向》，《和平与发展》2003 年第 1 期，第 31~32 页。

② 日本外务省：《我国关于东亚共同体建设的看法》，参见其网站 http：//www. mofa. go. jp/mofaj/area/eas/pdfs/eas_ 02. pdf（2005 年 11 月）。

4. 抢占区域合作制高点，巩固经济大国地位

在东亚地区经济合作的进程中，日本一直是积极的倡导者。日本于20世纪70年代末提出"环太平洋合作构想"，80年代倡导"东亚经济圈"，继而在90年代积极推进亚太地区的经贸合作，而东南亚地区始终是日本争取合作的重要对象。然而，自80年代末世界出现区域经济一体化趋势以来，以北美自由贸易区和欧盟的建立为标志，北美和西欧的经济联合都取得了实质性的进展。2001年11月，中国与东盟也确定要在10年内建成CAFTA。这明显走在了日本前面，使日本感到措手不及，对日本产生了巨大的影响和冲击。日本深感在与东盟的关系方面，已被中国抢占了先机①。其后，面对CAFTA建设的实质性进展，不甘落后的日本也加快了推进与东盟国家签署EPA的步伐。

日本试图以签署EPA为先导，拉拢东盟国家，力争在制定规则上领导东亚区域合作，并进一步深化日本和东盟各国的经贸关系，扩大其在东亚地区的影响力。日本与东盟国家签署EPA的目的是在促进本国经济繁荣的同时，最大限度地发挥外交和安全的重要作用。2002年11月，日本和新加坡的EPA正

---

① 张声海：《从东京会议看东盟与日本关系的新发展》，《当代亚太》2004年第3期，第45页。

式生效，这是东亚地区首个 EPA。日本把日新 EPA 作为样本，旨在本地区签订能够改善日本企业投资和贸易环境的协议，并在经济合作规则制定上掌握主导权。其后，日本与泰国、马来西亚、菲律宾、印度尼西亚、文莱和越南等国先后签署了 EPA。同时，日本还在 2008 年 4 月与东盟签署了全面经济合作协议（ASEAN – Japan Comprehensive Economic Partnership，AJCEP），日本与东盟的战略伙伴关系进一步加强。

同时，日本还提出了"东亚共同体"的构想，表示要和东盟共同发挥核心作用，推动建立东亚共同体的建设。东亚共同体构想最早由小泉纯一郎于 2002 年 1 月在访问新加坡时提出。2009 年 9 月，日本新任首相鸠山由纪夫提出要构建主体性外交战略，建立密切且对等的日美伙伴关系，并朝着构建东亚共同体的方向，加强亚洲外交，同时推动 EPA 的签署①。这表明日本试图借助与东盟的双边合作，抢占区域合作的先机，与中美争夺东亚经济合作的主导权，以实现东亚经济一体化，并确保其东亚唯一经济大国的地位②。

---

① Yukio Hatoyama, "A New Path for Japan", in *The New York Times*, see website http://www.nytimes.com/2009/08/27/opinion/27iht – edhatoyama.html? _ r = 1 (August 26, 2009).

② 对于日本政府的东亚共同体构想，就连日本共同社也发表评论认为这是"同床异梦"。详见日本共同通信社《分析：对共同体构想同床异梦、日中必将争夺主导权》。参见其网站 http://china.kyodo.co.jp/modules/fsStory/index.php? sel_ lang = schinese&storyid = 74349 （2009 年 10 月 1 日）。

5. 抗衡中美等国在 GMS 日益增强的影响力

20 世纪 90 年代以来，随着中国经济的迅速崛起，中国与 GMS 五国的关系不断升温。从 1992 年起，中国开始参加 "GMS 经济合作部长级会议"。中国还积极出资配合东盟倡议的泛亚铁路的建设。2005 年 7 月，中国在昆明成功召开了 GMS 第二次领导人会议。与会各方联合发表了《昆明宣言》，重申加强伙伴关系，实现共同繁荣①。GMS 经济合作正在成为东亚国家构建平等互信、互惠互利的新型国际关系的一个新平台。对于中国与 GMS 五国的合作前景，日本担心 "湄公河将来有归入中国经济圈的趋势"。有日本学者认为："靠近中国的缅甸和老挝北部地区实际上已变成'人民币经济圈'。"② 曾策划并实施 GMS 五国经济合作的前亚行项目局局长森田德忠就主张："（日本）今后要重视怎样对待增加影响力的中国，并掌握湄公河开发的主动权。"③ 日本媒体评价昆明至曼谷的南北经济走廊是中国南下东南亚地区的重要通道，对中国有诸多好处，但却对日本的东南亚海上交通要道形成威胁，并将降

---

① 刘超、宣宇才：《大湄公河次区域经济合作第二次领导人会议召开》，《人民日报》2005 年 7 月 6 日。

② 〔日〕吉野文雄：《被中国吞没的东盟经济》，《东亚》2007 年第 9 期，第 15 页。

③ 李光辉、裘叶艇：《日本担心湄公河归中国经济圈，15 亿美元争夺主导权》，《国际先驱导报》2004 年 4 月 20 日。

低日本在东盟的影响力①。

2009 年 7 月在泰国参加东盟区域论坛会议的美国国务卿希拉里也公开宣称，将与柬、老、泰、越四国共同建立"美湄合作"新框架②。同年 11 月，美国总统奥巴马与东盟十国领导人在新加坡举行首次首脑会议，双方决定为实现持久和平与繁荣增进伙伴关系。美国重申其重视东盟国家，将强化自身在东南亚地区的影响③，呈现出鲜明的"返亚"姿态，这也使日本倍感紧张。中美等国与 GMS 五国关系的进一步密切，使日本日益担心其在次区域乃至东亚地区影响力的下降。为确保日本在次区域的发言权和主导权，日本另起炉灶，积极构建或参加与 GMS 有关的各种合作机制，相继出台各种有关 GMS 的政策，不断提升与 GMS 五国对话的层次，并加大援助 GMS 五国的力度，以促使 GMS 五国在对外政策的选择上偏向日本。

（二） 日本参与 GMS 合作的机制建设

自 20 世纪 90 年代以来，日本有计划地相继恢复或大幅度

---

① 〔日〕《中国南进外交——应从保卫海上航线的角度进行警戒》，《世界日报》2006 年 9 月 4 日。

② 日本共同通信社 2009 年 7 月 18 日电。

③ 新华网:《美国与东盟举行首次首脑会议，称将强化东南亚存在》，参见其网站 http://news.xinhuanet.com/world/2009 - 11/16/content_ 12464099. htm（2009 年 11 月 16 日）。

增加了对 GMS 五国的援助，试图通过 ODA 等途径确保日本在次区域的政治和经济利益，并扩大在次区域的影响力。为此，日本通过一系列机制建设，不断加强与 GMS 五国之间在各领域的合作。

1. 印度支那综合开发论坛

1993 年 1 月，宫泽喜一首相在访问泰国时建议举办印度支那综合开发论坛（Forum for Comprehensive Development of Indochina，FCDI），并指定由日本外务省主办该论坛。其目的在于对 GMS 五国的基础设施建设和人力资源培训计划提供援助，扩大涉及该地区的经济合作的需求，并借举办论坛之机吸引国际社会对 GMS 五国的注意力。同时也希望在论坛上，有关各国、国际机构的专家和有识之士能够就 GMS 五国的经济合作提供建设性意见，以促成整个 GMS 五国可持续发展战略的制定和实施。1994 年 9 月，日本与东盟在清迈会议上决定成立印支开发合作工作小组，对柬、老、越三国经济合作共同进行协助。1995 年 2 月，首届 FCDI 部长级会议在东京召开，就如何在人力资源培训以及基础设施建设等领域开展合作进行了深入的探讨。其成员最初仅限于日本和柬、老、越三国，之后扩大至中国、缅甸、东盟老成员国、欧美发达国家和一些国际机构，其合作对象实际上扩展至 GMS 所有国家，合作领域也扩展至促进民间贸易和投资的发展。

FCDI 内部设立了基础设施建设、人力资源培训及各种咨询小组会议等组织。近年来，虽然没有继续举办正式的 FCDI，但其所提出的有关人力资源培训方面的提案仍由联合国开发计划署（United Nations Development Programme，UNDP）实施，基础设施建设方面的提案由亚行主导实施，贸易与投资则由联合国亚太经社理事会（United Nations Economic and Social Commission for Asia and the Pacific，ESCAP）主导实施。此外，日本还通过召开或举办各种部长级会议、国际研讨会和研究会等形式，在国际上继续发挥着一定的主导作用①。

2. 日本—东盟经济产业合作委员会

日本—东盟经济产业合作委员会（AEM - METI Economic and Industrial Cooperation Committee，AMEICC）是在日本—东盟经济部长级会议（ASEAN Economic Ministers - Minister of Economy，Trade and Industry of Japan，AEM - METI）框架内设立的一个合作机制②。1994 年，在日本通商产业省（现为经济产业省）的主导下，在曼谷召开的 AEM - METI 决定成立该机

① 〔日〕池本幸生：《GMS 地区经济合作的现状和课题——以泰国、中国和东盟新成员国的关系为中心》，国际金融情报中心：《东盟新加盟四国的经济现状与课题》，2001，第 97 页。

② AMEICC，*About AMEICC*，See website http：//www. ameicc. org/index. pl? id = 2175.

制。成立该机制的目的在于，鉴于柬、老、缅、越四国即将加入东盟，有必要在产业合作、人力资源培训和提升管理能力等领域对这些国家提供支持。90 年代中后期，柬、老、缅、越四国相继加入东盟。为此，1997 年 12 月在吉隆坡召开的日本—东盟首脑会议决定将 AMEICC 的合作对象扩大至东盟十国，目的在于加强东盟各国的产业竞争力、促进产业合作以及对东盟新成员提供合作开发方面的援助。

在 AMEICC 框架内，相继成立了人力资源培训、中小企业·基础产业·地方产业、东西经济走廊开发、统计、汽车产业、化学产业、家电产业、纤维服装产业和 IT 等 9 个领域的工作小组。其秘书处由日本海外综合开发协会（Japan Overseas Development Corporation，JODC）曼谷办事处与东盟秘书处共同负责管理。在上述 9 个工作小组中，特别是东西经济走廊开发工作小组成绩斐然。1998 年 12 月，第六次东盟首脑会议发表的《河内行动计划》中，特别强调建设东西经济走廊的必要性。为此，日本经济产业省在 1999 年 7 月专门制定实施计划，并设立相应的工作小组，其目的在于促进 GMS 五国之间的相互协调，加快东西经济走廊建设，并确定包括产业合作、人力资源培训、提升管理能力等在内的软件领域的具体实施项目①。截至 2005

---

① 〔日〕野本启介：《围绕湄公河地区开发的地区合作的现状与展望》，《开发金融研究所报》第 12 期，2002 年 9 月，第 95~96 页。

年 8 月，该工作小组实施的项目总数达 31 个，已完成的项目包括东西经济走廊沿线旅游业开发基本计划、泰柬边境轻工业发展可行性研究、有关国际贸易·产业·投资领域的进修、东西经济走廊农产品开发等 10 个旗舰项目①。

2004 年 9 月，在雅加达召开的第 11 次 AEM - METI 决定对 AMEICC 进行改革，具体包括扩大东西经济走廊合作开发的实施范围，进行产业合作调查，派遣商务考察团，设立 AME-ICC 网站等。AMEICC 设立合作开发项目的标准如下：①从地区合作的观点出发，应有利于多数国家的发展；②在基础设施的软件建设领域，应着重借鉴日本经济产业省在培养中小企业方面的经验。

3. 亚洲开发银行主导的 GMS 合作开发

亚洲开发银行（以下简称"亚行"）成立于 1966 年，总部设在马尼拉，现拥有 64 个成员。日本是该行的创始国之一，日本的出资相当于亚行总资本的 16%，拥有亚行总投票权中的 13%，是亚行最大出资国之一，亚行历届总裁均由日本人担任。而在亚行的亚洲开发基金（Asian Development Fund, ADF）、亚洲开发银行研究所（Asian Development Bank Institu-

---

① 日本经济产业省贸易经济协力局：《AMEICC 工作小组活动的现状与基本方针》，2006 年 4 月。

te，ADBI）特别基金、日本特别基金（Japan Special Fund，JSF）等特别基金中，日本是最大出资国。此外，日本还在亚行内部专门成立了削减贫困日本基金（Japan Fund for Poverty Reduction，JFPR）、信息通信技术日本基金（Japan Fund for Information and Communication Technology，JFICT）、日本奖学金制度（Japan Scholarship Program，JSP）、公共政策培训日本基金（Japan Fund for Public Policy Training，JFPPT）等基金，在各个领域对亚行保持着巨大的影响力①。1992 年，亚行建立了包括柬、中、老、缅、泰、越六国在内的 GMS 经济合作机制。在亚行的主导下，经过各成员的共同努力，在基础设施的硬件建设领域如能源、交通、环境、农业、电信、贸易便利化、投资、旅游、人力资源培训等 9 个重点合作领域取得了巨大成绩，次区域各国的经济社会发展水平不断提高。

虽然在次区域的经济合作上，有众多的多边或双边组织和机制存在，日本从运行效率和实施效果相结合的观点出发，认为由亚行主导的 GMS 经济合作机制效果最为明显，应最大限度地加以利用。为此，2001 年 7 月日本与亚行共同派出调查团，对 GMS 经济合作的合作项目等领域进行了详细调查。其后，日本在当年 11 月召开的 10＋3 首脑会议和 10＋1

---

① 亚洲开发银行：《日本与亚洲开发银行》（日文版），2005 年 9 月 30 日。

（日本）首脑会议期间正式表示，今后将把亚行提倡的 GMS 旗舰项目作为日本援助次区域的重中之重，即：①把东西走廊提升为经济走廊；②建设南部走廊（曼谷—金边—胡志明跨国公路）①。

4. 对柬、老、缅、越（CLMV）双边的援助机制

为体现日本在援助 GMS 五国中所发挥的主导作用，日本经济产业省单独建立了一个针对柬、老、缅、越四国的援助机制。经济产业省对于援助柬、老、缅、越四国的基本观点是，鉴于柬、老、缅、越四国在东盟的地位不断提高，有必要在促进柬、老、缅、越四国的产业开发、贸易和投资方面进行援助。具体方针如下：①构筑以泰国为中心的经济圈；②构筑以越南为中心的经济圈；③在泰越两国构筑经济圈的过程中，对其企业的人力资源培训提供援助。此外，对于亚行主导的 GMS 经济合作中的旗舰项目——东西经济走廊和南部走廊，日本也在基础设施建设和技术合作方面提供援助。具体的项目包括，为促进上述两个走廊中的贸易发展，对有关各国一站式出入境管理的人力资源培训提供

---

① Norio Kuniyasu and Tatsuji Onimaru, "the Present Situation of Development and the Views of Technical Cooperation in the Mekong River Basin", in *Journal of the Japanese Society of Irrigation*, *Drainage and Reclamation Engineering*, Vol - 72, No. 2, 2004, pp. 88 - 89.

援助。

2004 年 9 月，在雅加达召开的第 11 届 AEM - METI 上，日本经济产业大臣中川昭一就加快东盟一体化进程和加强日本和东盟的经济合作做了题为《面向东盟内部和日本—东盟经济一体化的合作》的讲话。其主要内容如下：①支持贸易和投资自由化（如推广电子认证和报关系统）；②对柬、老、缅、越四国间的合作提供支援（如为建设湄公河地区跨境物流网提供有效方案）；③对加强东盟各国产业基础提供支援（如汽车产业和中小企业的人力资源开发等）。之后，经济产业省对柬、老、缅、越四国的援助基本围绕着中川讲话进行。其中的一部分援助项目也通过上述 AMEICC 机制进行，但对于 AMEICC 未能涉及的领域，则通过对柬、老、缅、越四国的双边援助开展合作。

当然，日本经济产业省也认为，柬、老、缅、越四国在企业招商引资领域，还存在基础设施和人力资源开发滞后等问题。为了制定出支援柬、老、缅、越四国产业合作的具体方针和项目，2004 年 10 月，日本经济产业省召开了 "CLMV 产业合作支援研究会"。该研究会的成员由精通柬、老、缅、越四国经济的学者、产业界人士和经济产业省相关机构组成。根据该研究会发表的初步研究成果表明，柬、老、缅、越四国中也存在一定程度的差距，把四国放在同一个水平上是不现实的，应根据各国的国情制定详细的援助计划。例如，由于柬埔寨基础设施落后、投资环境不理想，应首先对柬埔寨的海关建设、海关工作人员的培养和进修考察等领域提供援助①。

5. 日本—柬老越（CLV）合作机制

为进一步增强在次区域的影响力，日本外务省还对柬、老、越三国给予特别关注。2004 年，日本就地跨柬、老、越三国的"开发三角地带"与上述三国达成协议，以消除贫困为目标，对该区域提供总额约 20 亿日元的 ODA，用于援助初级教育、农业灌溉和交通基础设施等项目的建设。2007 年，日本向该区域又提供了 29 亿日元的 ODA，并计划在 2008 年通过日本—东盟一体化基金提供 2000 万美元的援助。此外，日本向越南提供 215 亿日元的政府贷款，向老挝提供 2 亿日元的无偿资金援助，向柬埔寨提供 3 亿日元的政府贷款，用于改善各国的社会和经济基础设施。为防止禽流感的蔓延，日本还向上述三国提供了 15 亿日元的援助②。截至 2008 年 7 月，日本和柬、老、越三国已召开了 5 次日本—CLV 外长会议和 3 次领导人会议，并达成了一系列协议。

① 〔日〕渡边慧子、房前理慧：《对柬埔寨运输领域的援助合作》，国际开发高等教育机构·国际开发研究中心，2005 年 3 月，第 34～35 页。

② 日本外务省：《日本掌握对柬老越援助的新主导权》，2005 年 12 月 13 日。

（三） 日本的 GMS 政策及其行动选择

虽然迄今为止日本政府尚未正式推出 GMS 政策，但通过日本领导人的一系列发言和日本政府先后出台的一些政策、方针和计划可窥其端倪。

1. 20 世纪 90 年代日本的 GMS 政策及其行动选择

为了在次区域发挥更大的作用，日本外务省自 1991 年起，在 ODA 中专门设立了"湄公河地区开发"项目，积极推动与 GMS 的开发合作。日本将援助 GMS 开发合作的目标定为：①通过地区开发合作，加强流域各国之间的关系；②提高 GMS 五国的整体经济水平，缩小东盟新老成员国间的差距，加快东盟一体化进程。在湄公河地区开发合作项目中，日本针对公路、桥梁、铁路、机场、港口、通信、电力、环境和人力资源培训等 9 个领域，通过无偿资金援助、政府贷款、开发调查和技术援助等双边合作以及亚行、UNDP 等多边合作的渠道，具体实施了 100 多个援助项目。

1992 年，亚行建立了 GMS 经济合作机制。在亚行的主导下，GMS 五国在基础设施的硬件建设领域如能源、交通、环境、农业、电信、贸易便利化、投资、旅游、人力资源培训等 9 个重点合作领域取得了巨大成就，GMS 五国的经济社会发展水平也随之不断提高。作为亚行的最大出资国，日本从运行效率和实施效果相结合的观点出发，认为由亚行主导的 GMS 机制效果最为明显，应最大限度地给予支持并充分加以利用。

1996 年 3 月，日本外务省和通产省（现经济产业省）等相关政府部门和民间企业共同组成了"大湄公圈开发构想特别工作小组"，目的是把政府各部门对次区域提供的援助项目进行整合，实行统一管理，以便更好地为日本的外交活动服务。同年 7 月，该小组提交了《大湄公圈开发构想报告》，建议把 GMS 五国视为完整的"大湄公经济圈"，打破以往只采用双边援助的惯例，应同时采取涉及两个国家以上的"跨境开发模式"，建设跨境运输交通网，推动 GMS 的基础设施建设①。之后日本对 GMS 的援助政策基本上遵循了双边与多边相结合的模式，并加大支持柬、老、越三国的力度，积极协助三国实施民主化建设和市场经济改革，以缩小东盟成员国之间的差距。在日本 1999 年 8 月制定的《ODA 中期政策》中，更将 GMS 列为日本支持地区性经济合作的重点地区。在 GMS 五国中，除缅甸以外，日本均制定了详细的《国别援助计划》。

2. 日本对 GMS 五国的援助政策

虽然冷战后日本 ODA 政策的政治化倾向明显，把纯属受

---

① 日本大湄公圈开发构想特别工作小组：《大湄公圈开发构想报告》，1996 年 7 月。

援国的内政问题也纳入其是否实行援助的考虑因素，比如：受
援国不准把经援用于军事用途，受援国的人权状况、民主化进
程、市场自由化进程等，促进受援国进行"善治"（good gov-
ernance）①，但对于 GMS 五国，日本在人权问题上是"在总论
上站在美国一边，在个论上则又不完全赞同美国的制裁方式，
往往表现出力图脚踩两只船的左右逢源姿态"②。这在对缅政
策上表现得淋漓尽致。毕竟，日本在走向政治大国的道路上，
特别是想要获得联合国安理会常任理事国的席位，没有 GMS
五国等亚洲国家的支持是不现实的。日本前首相中曾根就曾说
过，"日本要像美国关心中南美、欧共体关心非洲那样，关心
亚洲"。后来的宫泽首相更直接把东南亚称为"日本的选
区"③。

　　2003 年 8 月，日本政府通过了新的《ODA 大纲》。该大
纲将减少贫困、实现可持续发展、处理全球性问题和构建和
平作为重点目标，同时将包括"东盟在内的东亚地区"作为
实施援助的重点地区。日本认为："我国 ODA 要与对发展中
国家开发有着重大影响的贸易、投资有机结合，总体上促进

---

① The Ministry of foreign affairs of Japan, *Review of Japan's Official Development Assistance Charter*（*Provisional Translation*）, see website http：//www. mo-fa. go. jp/policy/oda/reform/review0303. html（March 14，2003）.

② 金熙德：《日本政府开发援助》，社会科学文献出版社，2000，第 159 页。

③ 高连福：《东北亚国家对外战略》，社会科学文献出版社，2002，第 173 页。

其发展。进而在实施 ODA 之际，要考虑与我国经济、社会的
联系，力求与我国的重要政策配合，确保全部政策的协调
性。特别是近年来，在经济相互依存关系处于不断扩大和深
化的过程中，东亚地区在保持经济发展的同时，通过加强经
济一体化来努力提高地区竞争力。"为此，日本希望"在充
分考虑不断加强东亚地区合作开发的基础上，有效利用
ODA，从而为加强区域内的合作开发关系和缩小区域内的差
距"，做出应有的贡献①。

　　按照上述基本政策的理念并居于上述战略考量，日本将
援助 GMS 五国的目标定为：①通过地区合作开发，加强流域
各国之间的关系；②提高柬、老、缅、越四国的整体经济水
平，缩小东盟新老成员国的差距，加快东盟一体化进程。在
GMS 五国中，日本制定了被称之为《国别援助计划》的具体
援助方针。其中，涉及柬埔寨（2002 年）、越南（2004 年）、
泰国（2006 年）、老挝（2006 年）四国的《国别援助计划》
已制定完毕。日本将受援国在 GMS 经济合作中的地位定义
如下。

　　柬埔寨：GMS 经济合作不仅是柬埔寨经济发展的重要课
题，也是缩小东盟内部经济差距、增强东盟凝聚力的重点领

---

① 〔日〕《政府开发援助（ODA）大纲》（2003 年 8 月内阁会议决定），外
　　务省编《ODA 政府开发援助白皮书 2003 年版》，2004 年 5 月，第 179～
　　181 页。

域。援助柬埔寨的重点领域包括，实现经济可持续发展及社会稳定，在教育和医疗领域加强对弱势群体的支援，加大环保和禁毒力度，支持东盟缩小内部差距。具体援助方针为，重点推进南部走廊建设，积极支持基础设施建设，同时也在开发调查和技术援助等领域提供援助。此外，对促进民间投资的法律和制度建设也提供必要的援助①。

老挝：老挝位于 GMS 的中心地带，随着今后 GMS 经济合作的进一步深化，老挝将有可能成为次区域人员往来和物流中心。次区域的经济合作有利于促进老挝融入东盟大家庭，更有利于其对外开放，并分享经济发展的益处。援助老挝的重点领域包括，人力资源培训和教育、医疗、农业和交通基础设施建设。此外，根据日本政府 2003 年 12 月在日本—东盟特别首脑会议上发表的《湄公河地区开发的新观念》，以合作开发和贸易投资相结合，积极促进该国东西经济走廊的建设②。

缅甸：从地缘政治的角度出发，缅甸位于中印两大国之间，战略位置非常重要，且缅甸与日本长期保持友好关系。应以促进缅甸民主化建设和市场经济建设为基础，促进缅甸社会稳定，从而为东盟的稳定、繁荣和一体化做出贡献。自 2011

---

① 日本外务省：《柬埔寨国别援助计划》，2002 年 2 月，参见其网站 http：//www. mofa. go. jp/mofaj/gaiko/oda/seisaku/enjyo/cambodia._h. html（2002 年 2 月）。

② 日本外务省：《对老挝国别援助计划》，2006 年 9 月，第 11 页。

年缅甸民选政府上台以来，日本于 2012 年 4 月修改了对缅经济合作的方针，表示将再次对缅提供正式援助。2013 年，日本在宣布取消之前对缅日元贷款债务的同时，同年 5 月实现了安倍晋三首相作为现任首相时隔 36 年的访缅，并决定对缅甸新提供贷款 510 亿日元、无偿资金和技术援助 258 亿日元的 ODA[①]。

泰国：泰国是日本重要的友好伙伴，也是次区域中极为重要的国家。泰国在促进 GMS 经济合作过程中，起到了火车头式的牵引作用。从促进东盟一体化的立场出发，泰国在次区域的重要性与日俱增。通过发起和主导伊洛瓦底江、昭披耶河与湄公河经济合作战略会议（ACMECS）合作机制，泰国作为地区连接点的地位也在不断上升，其政治经济影响力不容小视。作为次区域的新兴发达国家，泰国积极参与对周边邻国的援助。因此，日本应不仅限于维持与泰国的双边关系，也要同泰国一道在各种地区性、国际性问题上开展合作。特别是在援助柬、老、缅、越四国的问题上，日本和泰国共同合作，对于日本顺利实施 GMS 经济合作项目具有重要意义，同时也有助于实现东亚共同体构想[②]。

越南：日本认为对越南的援助应不局限于越南国内，而要

---

① 日本外务省：《政府开发援助（ODA）数据 2014》，2014，第 40 页。

② 日本外务省：《对泰国国别援助计划》（修订版），2006 年 5 月，第 9 页。

以促进次区域的共同发展为最终目标。在日本主导的 FCDI 和亚行主导的 GMS 经济合作等机制下，努力推进东西经济走廊公路建设等惠及 GMS 五国的区域性项目的开展。同时也考虑到越南是中国的邻国，日本通过各种方式，支持越南成为东盟内部的出口加工和劳动密集型产业据点①。

3. 21 世纪初期日本的 GMS 政策及其行动选择

（1）《湄公河地区开发的新观念》的提出

2003 年 12 月 11 ~ 12 日，日本与东盟十国在东京举行了"日本—东盟特别首脑会议"，发表了推进双方合作的《新千年富有动力和持久的日本—东盟伙伴关系东京宣言》（东京宣言）和《日本—东盟行动计划》（行动计划），提出要建立"东亚共同体"。这次会议是东盟十国首脑首次在东南亚地区以外共同出席与区域外国家单独举行的会议，足以显示日本和东盟国家之间的"特殊关系"，也是为了向中国等国显示日本在东南亚地区的存在和作用②。日本外务省官员甚至将东京宣言比喻为规划今后日本与东盟关系的宪章。在该

---

① 日本外务省：《对越南国别援助计划》（修订版），2004 年 4 月，第 5、13 页。

② Takashi Terada, "Forming an East Asian Community: A Site for Japan – China Power Struggles", *Japanese Studies*, Vol. 26, No. 1, 2006, p. 13.

行动计划中，日本承诺将在今后 3 年内向东盟提供 30 亿美元的援助，其中 15 亿美元用于 GMS 五国的开发和基础设施建设项目，使 GMS 五国得到实惠。另外 15 亿美元用于资助东盟国家的人力资源开发，包括组织有 4 万人参与的大规模人员交流。

在日本—东盟特别首脑会议召开之际，日本政府公布了《湄公河地区开发的新观念》（New Concept of Mekong Region Development），表明日本将会更加重视 GMS 合作，并通过 FCDI 等合作机制发挥应有的主导作用。《湄公河地区开发的新观念》显示了新世纪日本的 GMS 政策的基本框架，包括三个愿景、三项扩充和三大支柱。三个愿景为：①加强区域一体化；②实现经济的可持续发展；③实现与环境的和谐。三项扩充指通过整合经济合作和经贸合作的途径来扩大合作领域和内容，具体为：①扩充研究领域，以促进贸易、投资以及人员的交流；②扩充参与 GMS 合作的主体；③扩充合作领域，将合作领域扩展至人力资源开发等软件领域。三大支柱为：①充实经济合作，今后 3 年将提供大约 15 亿美元的援助，同时确定合作的重点领域，向各相关国家和机构派出调查团进行政策协调；②促进经贸合作的发展，支持 GMS 五国民营企业的发展，协助 GMS 五国的市场一体化建设，支持培育 GMS 债券市场；③加强与第三方合作，通过世界银行、亚洲开发银行等国际机构进一步加强与东盟各国的合作，利用 10 + 3 领导人会议、东盟外长扩大会议和东亚开发倡议部长会议（IDEA）等机制，与东盟各国共同宣传 GMS 合作①。

（2）《日本－湄公河地区伙伴关系计划》的出台

2006 年 11 月 30 日，时任日本外相的麻生太郎在东京发表演说，提出了要在亚欧大陆的外沿建立所谓的"自由与繁荣之弧"，希望通过经济繁荣和民主主义实现东盟各国的和平与幸福，而 GMS 则是其"自由与繁荣之弧"上的重要一环，特别是柬、老、越三国更成为其中的最前沿②。

在麻生太郎的积极推动下，2007 年 1 月，日本政府公布了新的 GMS 政策，即《日本－湄公河地区伙伴关系计划》（Japan – Mekong Region Partnership Program），其中包括三个目标、三大支柱和三项新举措。三个目标为：①进一步加强日本与 GMS 五国的伙伴关系；②实现 GMS 五国经济的可持续发展；③确保 GMS 五国人民的生存、生活和尊严。三大支

---

① The Ministry of foreign affairs of Japan, *New Concept of Mekong Region Development*, see website http：//www. mofa. go. jp/region/asia － paci/asean/year 2003/summit/mekong_ 4. pdf（December, 2003）.

② 日本外务省：《建立"自由和繁荣之弧"——日本外交的地平线正在扩大：麻生太郎外务大臣在日本国际问题研究所研讨会上的演讲》，参见其网站 http：//www. mofa. go. jp/mofaj/press/enzetsu/18/easo_ 1130. html（2006 年 11 月 30 日）。

柱是：①促进区域经济一体化及合作，特别要促进社会和经济基础设施的建设以及制度建设，加强区域网络建设，促进东盟及东亚经济一体化进程；②扩大日本与 GMS 五国的贸易与投资，促进《投资保护协定》和 EPA 等法律框架的建设，帮助 GMS 五国改善其贸易和投资环境，推动经济特区、一村一品、天然橡胶等领域的产业合作；③培育共同价值观，合作处理地区性问题，帮助 GMS 五国培育民主主义、法治等人类普遍价值观，消除贫困，实现千年发展目标，保护环境。三项新举措包括：①扩大对 GMS 五国的 ODA，并将柬埔寨、老挝和越南列为今后 3 年经济合作的重点对象国，对柬、老、缅、越四国提供 4000 万美元的援助；②与柬埔寨和老挝签署《投资保护协定》；③召开日本－湄公河地区部长级会议①。2007 年 8 月，安倍晋三首相出访柬、老、越三国，并将其纳入"价值观外交"体系，声称要帮助三国建立促进法治、反映民意的机制。

福田康夫担任首相后，依然把加强对 GMS 的外交作为日本外交体系中的一个重点。2007 年 11 月 20 日，福田康夫首相与柬、老、越三国政府领导人在新加坡举行"日本—CLV 首脑会议"，就进一步加强日本与柬、老、越三国的

---

① 日本外务省：《日本－湄公河地区伙伴关系计划》，参见其网站 http://www.mofa.go.jp/mofaj/area/j_clv/pdfs/mekong_pp.pdf（2007 年 1 月）。

关系达成一致①。2008 年 1 月 16 日，日本与 GMS 五国在东京
联合召开首次"日本－湄公河地区外长会议"。此次会议正是
前述《日本－湄公河地区伙伴关系计划》的具体化。福田康
夫在会议上对 GMS 五国外长表示："日本非常重视湄公河地
区，我们将继续协助促进湄公河地区各国的经济增长。"②

(3) 民主党上台后的举措

为进一步推动日本与 GMS 五国合作的机制建设，确保日
本在次区域的影响力并相应降低中国在次区域的影响力，日本
新任首相鸠山由纪夫上台后，2009 年 10～11 月，日本和 GMS
五国先后联合召开了第二次"日本－湄公河地区外长会议"、
第一次"日本－湄公河地区经济部长会议"和首次"日本－
湄公河地区首脑会议"。特别是 11 月 6～7 日在东京举行的首
脑会议上，鸠山首相称："湄公河地区各国超越了纷争，力争
实现地区稳定。这与我倡导的'友爱的精神'有共通之处"，
并认为"湄公河地区是掌握'东亚共同体'设想的关键地区。
日本新政府希望加强对该地区的援助"，强调考虑通过提供援

---

① 日本外务省：《日本 CLV 首脑会谈概要》，参见其网站 http：//
　　www. mofa. go. jp/mofaj/kaidan/s_ fukuda/eas_ 07/jclv_ gai. html（2007 年
　　11 月 20 日）。

② 星岛环球网：《日本援助湄公河流域国家，冀抗衡中国影响力》，参见其网
　　站 http：//www. stnn. cc/pacific _ asia/200801/t20080117 _ 715204. html
　　（2008 年 1 月 17 日）。

助实现东亚共同体设想①。会后，日本与 GMS 五国领导人共同发表了《东京宣言》，决定建立"为创造共同繁荣未来的新型伙伴关系"。日方表示将在 3 年内向 GMS 五国提供超过 5000 亿日元的 ODA。双方还在宣言中同意：将建立"东亚共同体"作为长期目标；从 2010 年开始启动相关项目推进环保领域合作，实施"绿色湄公"倡议；扩大双方人民特别是青少年交流，今后 3 年将接待 GMS 五国的 3 万名青少年访日；规定每 3 年在日本召开一次首脑会议等。此外，会议还通过了《日本－湄公行动计划 63》（Mekong – Japan Action Plan 63），涵盖基础设施和地区性经济制度建设、地区稳定合作及文化遗产保护等 10 个领域②。

2009 年日本与 GMS 五国首次召开日本－湄公河地区首脑会议并使其定期化和机制化，这意味着在 GMS 经济合作领导人会议机制以外，又出现一个对次区域经济合作方向产生重要影响的领导人会议机制。2009 年，日本与 GMS 五国专门举办

---

① 日本共同通信社 2009 年 11 月 6 日电。

② The Ministry of Foreign Affairs of Japan, *Tokyo Declaration of the First Meeting between the Heads of the Governments of Japan and the Mekong region countries – Establishment of a New Partnership for the Common Flourishing Future*, see website http：//www. mofa. go. jp/region/asia – paci/mekong/summit0911/declaration. html（7 November 2008）；Ministry of Foreign Affairs of Japan, *Mekong – Japan Action Plan 63*, see website：http：//www. mofa. go. jp/region/asia － paci/mekong/summit 0911/action. html（November 7，2009）.

了"日本－湄公交流年"①，通过举行各种各样的交流活动，进一步促进了双方的认知和理解，日本在 GMS 五国的影响力不断上升②。

野田佳彦 2011 年 9 月任首相后，日本重启价值观外交，以加强与其他拥有市场经济和法制等"相同价值观"国家的合作，更在次区域频频展开外交攻势，试图将该地区打造成为所谓"自由与繁荣之弧"上的重要节点。2011 年 11 月，日本与 GMS 五国举行了第三次"日本－湄公河地区首脑会议"，决定将东西经济走廊最终西延至缅甸的土瓦港，以打通太平洋至印度洋的陆地通道③。

2012 年 4 月，日本与 GMS 五国举行了第四次"日本－

① 作为"日本－湄公交流年"的首件大事，日本皇太子于 2009 年 2 月 9～15 日对越南进行了为期一周的首次正式访问。访越期间，日本皇太子参观了日本在越南各地援建的机构设施，并希望日越之交如"鱼水"一般亲密。与此同时，日本外长中曾根弘文也马不停蹄地访问了老挝、泰国和柬埔寨，宣布向老挝提供 12 亿日元的无偿援助，向柬埔寨提供 2100 万美元的援助，以支持柬埔寨对红色高棉的审判工作，并就共同推动缅甸民主化进程与泰国外长达成了共识。2009 年 2 月 6 日，专程访日的泰国总理阿披实与日本首相麻生太郎就日本与 GMS 开展合作达成一致。详情请参见毕世鸿：《2009："日本－湄公交流年"之日本攻略》，新加坡《联合早报》2009 年 2 月 24 日。

② The Ministry of Foreign Affairs of Japan, *Together toward the future*, *Mekong and Japan*, January 2009. See website http://www.mofa.go.jp/region/asia-paci/mekong/pamphlet.pdf（January 2009）.

③ Ministry of Foreign Affairs of Japan, *Joint Statement of the Third Mekong-Japan Summit*, 18 November 2011.

湄公河地区首脑会议"，日本宣布将从 2013 年起向 GMS 五国提供总额高达 6000 亿日元的 ODA 贷款。此次会议通过了名为《东京战略 2012》的共同宣言，内容包括通过改善交通网络加强区域内各国联系、在"3·11"东日本大地震和泰国洪水等自然灾害的背景下加强防灾合作等①。与会各国领导确定了 2013～2015 年 GMS 五国与日本"面向共同繁荣伙伴关系"合作的三大支柱，具体包括：通过推进跨国交通建设和信息基础设施建设加强 GMS 五国之间的合作和 GMS 五国对外合作，推进海关现代化建设；促进 GMS 五国的经贸合作并提高 GMS 五国在全球价值链的地位；以应对气候变化、可持续管理和利用湄公河水资源等为核心加强环保与人类安全的合作等。此外，野田佳彦还在会上就日本与 GMS 五国的合作提出了 3 项建议，一是完善"东西走廊"等跨国运输路线，改善 GMS 五国交通网络，加强地区内连接性；二是促进地区内贸易投资，以刺激地区内经济增长，实现共同发展；三是采取自然灾害、妇幼保健等方面的应对措施，确保公共卫生安全，实现可持续发展。与会各国首脑就此达成了一致。此外，共同宣言还就朝鲜不久前发射卫星一事表达了共同的立场。此次首脑会议公布的一系列行动计划，其目的在

① 日本外务省：《第四次日本－湄公河首脑会议（评价和概要）》，2012 年 4 月 21 日，网址：http：//www. mofa. go. jp/mofaj/area/j_ mekong_ k/s_ kai-gi04/gaiyo. html。

于以重启向缅甸提供 ODA 等为主轴，展示日本主导次区域
基础设施建设等项目的姿态，以推动在 2015 年形成东盟共
同市场，并遏制中国在该地区影响力的扩大①。日本外务省
在会后发表的一份文件称，次区域位于地缘政治学上的
"要冲"位置，并且是日本企业进驻国际市场的重要据点
之一②。

（4）安倍再次上台以后的举措

2012 年 12 月，安倍晋三再次担任日本首相，安倍新政权
在外交上"新瓶装旧酒"，仍然在推行他 2006 年任上提出的
"价值观外交"，不仅希望与"价值观"相同的国家携手合作，
还希望通过经济援助的方式，来改变与日本社会体制完全不同
的国家的"价值观"。对越南、老挝、柬埔寨和缅甸，更是要
通过这种巨额金援，推进其社会所谓的"民主化"进程。
2013 年 1 月，日本首相安倍晋三在上台后的首次外访中，先
后访问了越南、泰国和印度尼西亚。安倍试图借此谋求与越南
和泰国在经济及安全领域的合作，并为牵制中国而宣传其一贯

①　《日本将与湄公河流域五国制定新行动计划》，共同通信社，2012 年 4
　　月 19 日，网址：http：//china. kyodonews. jp/news/2012/04/28830. ht-
　　ml。
②　王恒昀：《日本三招扩展在亚洲影响力》，《人民日报（海外版）》2012 年 4
　　月 26 日。

主张的"价值观外交"①。

(5) 日本 GMS 政策的核心

日本将"信任、发展、稳定"作为实施日本 GMS 政策的核心，计划对 GMS 五国提供一揽子援助合作。其中包括如下内容，①信任：将 2009 年定为"日本－湄公交流年"，计划在 5 年内邀请 1 万名 GMS 五国青年访问日本，实现日本－湄公外长会议的定期化和机制化；②发展：将 ODA 与贸易和投资有机地结合起来开展合作，按照《日本－湄公河地区伙伴关系计划》的精神扩大针对 GMS 五国的 ODA，将为提高东西经济走廊物流效率提供 2000 万美元的援助，将地跨柬、老、越三国的"开发三角地带"列为提供无偿援助的候选项目（2000 万美元）；③稳定：日本与 GMS 五国通力合作，解决诸如传染病等各种跨境问题，日本支持柬埔寨对红色高棉的审判工作，积极推动缅甸的民主化进程②。

通过以上论述可以看出，虽然日本的 GMS 政策随时间的推移发生了一些变化，但日本对 GMS 的整体外交政策已经基

---

① 日本外务省：《安倍总理大臣的东南亚访问（概要和评价）》，2013 年 1 月 18 日，网址：http：//www. mofa. go. jp/mofaj/kaidan/s＿abe2/vti＿1301/gaiyo. html。

② 日本外务省：《日本－湄公外长会议（结果概要）》，参见其网站 http：//www. mofa. go. jp/mofaj/area/j＿mekong/0801＿kg. html（2008 年 1 月 17 日）。

本成形，其政策在深度、广度和实施力度上也已取得巨大进展。据此，日本 GMS 政策的特点可简单归纳如下：第一，投资、贸易和援助"三位一体"，不断加强、加深与 GMS 五国的交往程度，并扩大日本在次区域的影响力；第二，政治意图日趋明显，试图将日本版的普世价值观移植到 GMS 五国；第三，政治、安全保障和经济上的诉求日益清晰，影响着 GMS 五国对外政策的选择；第四，重视人员交流和人才培养，试图培养 GMS 五国的"亲日派"。

（四）　日本实施 GMS 政策所取得的成效

事实上，日本与 GMS 五国长期的合作关系正在产生着政治和经济效益。日本实施 GMS 政策所取得的成效，主要表现在以下几个方面。

1. 双边援助成果

柬埔寨：日本自 1969 年开始向柬埔寨提供政府贷款，以支持其修建水利设施。之后，由于柬埔寨内战等原因一度中止。1991 年柬埔寨实现和平以后，日本重新开始了对柬埔寨无偿资金援助和技术援助。在基础设施建设方面，日本通过提供无偿资金援助帮助柬埔寨修复了 6 号和 7 号国道，改建了金边港，并为西哈努克港的修缮工程提供了政府贷款。如表 3 –

1 所示，截至 2012 年年底，日本对柬埔寨援助金额累计达 21.5 亿美元，柬埔寨已经成为日本重点援助对象国之一。其中 2011 年，日本提供的援助额占柬埔寨接受双边援助总额的 26.6%①。另外，日本还将从泰国曼谷起途经柬埔寨到达越南胡志明市的南部走廊建设作为重点援助项目。该工程建成后，从曼谷到胡志明市只需 1~2 天，日本企业对此也抱有很高期待，南部走廊的公路建设现已基本完成。

老挝：日本对老挝的援助始于 1950 年对该国提供的有关自来水管道和桥梁建设的开发调查工程。日本所提供的援助涉及老挝社会经济建设的多个领域，包括法律和司法建设项目、公共投资管理能力建设、儿童健康服务、信息技术和教育发展、自然科学、医药发展、森林管理、社区发展、赈灾粮款、污水处理、公路桥梁建设、水电工程建设、农业开发、粮食生产、农村清洁水资源和万象市交通管理发展规划项目等，为老挝社会经济的发展发挥了很大的作用。日本对老援助三个主要目标是，推动老挝可持续发展、推动东盟和 GMS 发展、密切与老挝双边关系。日本认为，老挝政府确定的至 2020 年摆脱最不发达国家行列的发展目标是一个雄心勃勃和可以实现的目标，在日本的援助支持下，这个目标能够更顺利地实现。GMS 经济合作的进展有利于老挝社会经济的

---

① 根据 OECD/DAC 统计计算得出。

发展，日本对 GMS 经济整体发展的投入也将会间接推动老挝经济发展，并促使老挝能够在今后的市场竞争中抓住机遇、不断发展①。如表 3 - 1 所示，截至 2012 年年底，日本对老挝援助金额累计达 18 亿美元，日本已成为老挝的最大援助国。其中 2011 年，日本提供的援助额占老挝接受双边援助总额的 18.4% ②。

缅甸：军政府统治时期日本对缅甸提供援助虽然处于停滞状态，但为了支持缅甸经济体制改革，日本还是提供了一部分开发调查援助。如对缅甸的经济发展问题进行共同研究，以整理今后可供援助的项目清单。除此之外，日本还向缅甸提供了涉及疾病防治、学校和饮用水管道建设、改善公路建设用设备和医疗器材等无偿资金援助项目。2003 年，缅甸军政府宣布软禁著名政治家昂山素季，日本随后大幅度削减对缅经援款项，但也只限于提供无利息日元贷款以及技术训练，人道主义紧急项目以及促进缅甸民主化建设和经济制度改革的人力资源培训项目仍在继续。2005 年，日本虽然对缅甸的人权表示关注，但是它仍然同意向缅甸提供 1120 万美元的无偿援助和 1470 万美元的技术援助。缅甸民选政府上台后，日本重启对缅援助。如表 3 - 1 所示，截至 2012 年年底，

---

① *Vientiane Times*, November 2, 2005.

② 根据 OECD/DAC 统计计算得出。

日本对缅援助金额累计达 32.6 亿美元，日本已成为缅甸的最大援助国。其中 2011 年，日本提供的援助额占缅双边援助总额的 15.6%[①]。

泰国：日本对泰国的援助，始于 1968 年的针对电力基础设施建设的政府贷款。起初以能源基础设施建设作为重点援助领域。70 年代以后，为缩小泰国城乡差距，日本对泰国的援助逐渐转移到涉及电网建设、农村电气化改造、农业灌溉设施建设等基础设施建设领域。随着泰国经济的快速发展，1993 年，日本原则上终止了对泰国的无偿资金援助。现在政府贷款主要涉及改善城市环境、缩小地区差距和收入差距以及人力资源培训等领域。如表 3 - 1 所示，截至 2012 年年底，日本对泰援助金额累计达 67.5 亿美元。

越南：日本对越南的援助正式开始于 1992 年。日本现在已经成为越南最大的援助国。如表 3 - 1 所示，截至 2012 年年底，日本对越南援助金额累计达 121.5 亿美元。其中 2011 年，日本提供的援助额占越南双边援助总额的 49.1%[②]。在日本 2002 年制定的针对越南的国别援助计划中，主要涉及人力资源培训、电力和交通基础设施建设、农村开发、教育医疗保健和环境等 5 个领域。而 2004 年修改后的国别援助计划中，则

---

① 根据 OECD/DAC 统计计算得出。

② 根据 OECD/DAC 统计计算得出。

将促进发展、改善生活水平、制度建设等列为重点领域。同时，其援助方法也从过去的由受援国单方面提交援助项目清单到双向式的"对话型"项目决策。即在越南方面提出援助申请之前，两国就援助领域的中期目标进行政策对话，使越南的合作开发援助需求与日本的援助政策方针相吻合①。2006 年 11月 19 日，安倍首相在河内同越南总理阮晋勇举行会谈时明确承诺继续将越南列为优先提供政府贷款的国家②，之后日本对越南的援助更是一路飙升。

2. 区域性援助成果

为了在 GMS 经济合作中发挥主导作用，日本外务省自 1991 年起，在 ODA 中专门设立了"湄公河地区开发"项目，积极推动以 GMS 为主的合作开发。在 GMS 经济合作项目中，日本针对道路、桥梁、铁路、机场、港口、通信、电力、环境和人力资源培训等 9 个领域，通过无偿资金援助、政府贷款、开发调查和技术援助等双边合作以及亚行、联合国开发计划署（UNDP）等多边合作的渠道，具体实施了 100 多个援助项目。

---

① 日本国际建设技术协会：《今后援助湄公河地区基础设施领域的政策建议》，2004 年 11 月，第 9~11 页。

② 日本外务省：《安倍总理正式访问越南成果概述》，参见其网站 http：//www. mofa. go. jp/mofaj/kaidan/s_ abe/apec_ 06/vietnam_ gai. html（2006 年11 月 21 日）。

表 3 - 1　日本对 GMS 五国 ODA 统计（支出纯金额）

单位：百万美元

国家	项目	2000	2005	2008	2009	2010	2011	2012	2012 年底累计
泰 国	合 计	635.24	-313.89	-748.48	-150.31	-143.54	-184.01	-242.51	6753.97
	政府贷款	512.69	-383.85	-795.20	-202.33	-214.79	-273.15	-327.85	2061.75
	无偿援助	1.51	3.17	2.56	3.71	14.92	7.25	13.86	964.24
	技术援助	121.04	66.79	44.16	48.30	56.33	45.89	71.48	3727.98
越 南	合 计	923.67	602.66	619.03	1191.35	807.80	1013.05	1646.70	12152.52
	政府贷款	790.66	480.36	518.15	1082.29	649.12	861.24	1478.05	9587.49
	无偿援助	41.52	50.58	26.29	22.82	51.84	26.74	20.38	1052.22
	技术援助	91.49	71.72	74.59	86.24	106.84	125.07	148.27	1512.81
老 挝	合 计	114.87	54.06	66.30	92.36	121.45	48.51	88.43	1804.50
	政府贷款	5.69	1.15	9.91	20.55	17.71	3.28	-4.73	91.62
	无偿援助	74.13	23.35	32.56	41.90	63.55	8.60	42.10	1096.72
	技术援助	35.05	29.56	23.83	29.91	40.19	36.63	51.06	616.22

续表

国家	项目	2000	2005	2008	2009	2010	2011	2012	2012年底累计
柬埔寨	合计	99.20	100.62	114.76	127.48	147.47	130.93	182.55	2146.86
	政府贷款	1.53	4.07	4.82	19.94	13.54	18.56	43.36	149.33
	无偿援助	65.32	53.1	70.21	59.40	80.83	62.12	83.14	1288.62
	技术援助	32.35	43.45	39.73	48.14	53.10	50.25	55.95	708.90
缅甸	合计	51.78	25.49	42.48	48.27	46.83	42.50	92.78	3264.40
	政府贷款	11.43	-0.19	—	—	—	—	—	1310.73
	无偿援助	17.97	6.65	23.77	24.50	21.56	19.70	54.82	1471.23
	技术援助	22.38	19.03	18.71	23.77	25.27	22.80	37.96	482.52

资料来源：日本外务省：《政府开发援助（ODA）数据 2013》，2013。

其中，东西经济走廊建设"是日本在 GMS 的代表性援助项目。为了同中国正在积极建设的南北经济走廊相抗衡，日本近年来不断加大援助建设东西经济走廊的力度。东西经济走廊的高速公路横贯次区域，其东段从泰国（穆达汉）经老挝（沙湾拿吉）到越南中部的深水港口岘港。2004 年，日本提供 80.9 亿日元的援助，在老挝（沙湾拿吉）与泰国（穆达汉）之间兴建湄公河第二国际大桥。该桥为东西经济走廊的关键性工程，并于 2006 年 12 月竣工通车。该桥的建成，标志着除缅甸以外的东西经济走廊东段已全线贯通。由此，泰国至越南的公路运输距离和时间将大幅缩短，运输成本也会降低，将进一步提高对公路跨境运输的需求，从而有效地促进次区域的物流发展和越、老、泰三国的经济合作，并对投资次区域的日本企业提供更多开展商贸活动的机会①。与此同时，连接曼谷、金边与胡志明市，横跨泰、柬、越三国的南部走廊建设工程也正紧锣密鼓地展开。笔者 2006 年和 2009 年在日本访问期间，曾多次受邀参加有关 GMS 经济合作的研讨会，亲身感受到日本政界和经济界对东西经济走廊建设的期待，众多日本企业在日本政府相关机构的组织下，多次前往该走廊沿线进行大规模的商务考察。

同时，日本对次区域的柬、老、越三国给予特别关注。

---

① 《日刊通商弘报》2006 年 11 月 20 日。

2004 年，日本就地跨柬、老、越三国的"开发三角地带"与上述三国达成协议，以消除贫困为目标，对该地带提供总额约 20 亿日元的援助，用于支援初级教育、农业灌溉和交通基础设施等项目的建设。此外，日本向越南提供 210 亿日元的政府贷款，向老挝提供 2 亿日元的无偿资金援助，向柬埔寨提供 3 亿日元的政府贷款，用于改善三国医疗卫生等领域的基础设施。为防止禽流感的蔓延，日本还向三国提供了 15 亿日元的援助①。

此外，1995 年，湄公河委员会（Mekong River Commission，MRC）重新成立。作为次区域唯一拥有常设办事机构的地区性合作组织，MRC 的合作涉及次区域的灌溉、水电开发、水运、防洪、渔业、森林开发和环境保护等有关水资源开发的各种领域。继老湄委会之后，日本也极力支持 MRC。日本不仅通过 UNDP 对 MRC 提供财政上的支援，还通过开发调查、人力资源培训和专家派遣等形式直接或间接地参与 MRC 的相关工作。可以说，日本与 MRC 的联系密切，关系不同一般②。

截至 2005 年年底，日本在 GMS 开发项目中提供的区域性

---

① 日本外务省：《日本掌握对柬老越援助的新主导权》，参见其网站 http：//www.mofa.go.jp/mofaj/kaidan/s_ koi/asean05/clv.html（2005 年 12 月 13 日）。

② 〔日〕森田浩一：《印度支那地区（大湄公河次区域）合作的现状与课题——从我国地区开发合作的视点出发》，国际协力事业团，2002，第 10 页。

援助金额分别为：无偿资金援助 534.5 亿日元、政府贷款 2263.4 亿日元以及通过国际组织提供的援助 3246 万美元[1]。再对"GMS 开发项目"所涉及的领域进行分析，可知对机场建设的援助额最多，其后为公路、港口和桥梁。之后，日本针对 GMS 开发项目的区域性援助资金大多被分配至具体国别之中，不再汇总。根据表 3-1 所示数据分国别进行对比可知对越南的援助额最多，其次为泰国、缅甸、老挝和柬埔寨。这是由于针对越南和泰国大型项目的政府贷款较多的缘故，而针对缅甸、老挝和柬埔寨的则以无偿资金援助和技术援助为主。

3. 对日本实施 GMS 政策所取得成效的评价

事实上，日本与 GMS 五国长期的合作关系已经产生了政治和经济效益。日本实施 GMS 政策所取得的成效，主要表现在以下几个方面。

(1) 日本已成为 GMS 最大的援助国

如前所述，进入 21 世纪以来，尽管日本的 ODA 总体预算在逐渐减少，但对柬、老、越等国的 ODA 却在逐年增加。从

---

[1] 根据日本外务省网站相关统计资料计算得出。详情请参见 ODA 网页内的"湄公河地区开发"，http://www.mofa.go.jp/mofaj/gaiko/oda/index/kunibetsu/mekong.html。

表 3 - 1 可以看出，在 GMS 五国中，除泰国由于经济实力较强，已基本不需要日本的 ODA 并逐年偿还日元贷款以外，日本每年都对柬、老、缅、越四国提供大量的 ODA。ODA 所涉及的领域包括基础设施建设、人力资源开发、环境保护、禁毒、法制建设、民主化建设和经济制度改革等多个领域。但对于缅甸，援助范围仅限于人道主义紧急项目以及促进缅甸民主化建设和经济制度改革的人力资源培训项目①。根据表 3 - 1 和表 3 - 2 的相关统计，日本现已成为柬、老、缅、越四国的最大援助国②。

（2） 对 GMS 五国社会经济发展发挥了促进作用

由于冷战时期长期处于地区战乱，柬、老、缅、越四国经济落后，要想在短期内实现经济社会的快速发展，没有大量的资金是不可能实现的。日本的 ODA 对 GMS 五国的能源、资源开发等基础产业、交通通信等基础设施，以及农林、城建、环保等领域的发展起到了促进作用，对 GMS 五国消除贫困和地区差距、保护环境、支援农业开发和市场经济建设等诸多方面起到了重要作用，为 GMS 五国带来了显著的经济和社会效益。2008 年 4 月 2 日，日本国际合作银行 （Japan Bank For

---

① 日本外务省：《政府开发援助（ODA）数据 2005》，2005，第 100 页。
② 日本外务省：《政府开发援助（ODA）国别数据 2007》，2007，第 29、40、85、103、122 页。

表 3 - 2　发达国家 2005 年援助 GMS 五国金额比较

单位：百万美元

	日本	美国	英国	法国	德国	意大利	加拿大	澳大利亚	瑞典
柬埔寨	100.62	67.5	21.47	30.12	24.81	1.92	8.48	28.39	14.78
泰 国	-313.89	15.01	0.29	2.09	9.21	1.49	7.78	6.13	6.47
越 南	602.66	27.09	96.62	96.81	82.92	-3.19	28.38	50.85	41.93
缅 甸	25.49	4.11	10.58	1.57	4.35	0.27	0.53	10.96	4.49
老 挝	54.06	7.36	0.24	22.63	15.04	—	3.65	10.6	14.97

资料来源：经济合作与发展组织（OECD）发展援助委员会相关统计资料。

International Cooperation，JBIC）行长田波耕治就表示，在日本的支援下，越南社会面貌在过去几年内发生了巨大改变，政治经济上都取得了骄人的成就，尤其在实现政治民主化和减少贫困方面，越南已经成为亚洲发展中国家的楷模①。

另外，外来援助还是柬、老、缅、越四国国家财政收支平衡的重要保证，稳定的外来援助是弥补财政赤字，确保必要的财政支出的坚实后盾。日本提供的大量 ODA 推动着 GMS 五国的经济发展，促使 GMS 五国融入东亚区域以及世界范围内的经济体系，提高了 GMS 五国人民的经济收入，消除贫困，改善人民生活水平。同时，稳定的外来援助还是柬、老、缅、越四国国家财政、货币、金融体制良性发展的保证，其重要性不容小视。鉴于援助柬、老、越三国取得了阶段性成果，日本也希望将这些援助经验推广到其他地区。2008 年 1 月，日本驻越南大使服部则夫在接受越南新闻社采访时说："越南是接受日本 ODA 贷款实现成功发展的典型范例，日本也将向其他亚洲国家提供类似的援助。"②

---

① 日本共同通信社 2008 年 4 月 2 日电。
② 越南《人民报》2008 年 1 月 21 日。

四 中国的 GMS 政策及其成效

中国与 GMS 五国有着长期的友好交往和悠久的历史渊源。20 世纪 90 年代，随着国际政治多极化、经济全球化进程的加快，GMS 经济合作得到长足发展，引起了国际社会的广泛关注与参与，已经成为中国与东南亚地区开展经济合作的重要组成部分。中国历来重视巩固和发展与 GMS 五国的睦邻友好关系。近年来，中国与 GMS 五国的高层交往十分频繁，人员往来不断增加，经贸联系日益密切，社会文化交流更加活跃，各领域合作逐渐拓展和深化。

1. 中国参与 GMS 经济合作的历程

自 1992 年以来，中国政府先后参加了由亚行倡导的 GMS 经济合作、东盟—湄公河流域开发合作等机制，还与湄公河委员会（MRC）建立了正式对话关系，在这些机制中发挥着积极的作用。1994 年，中国政府成立了"国家澜沧江—湄公河流域开发前期研究协调组"，负责协调国内有关事务。1996 年云南省政府也成立了"澜沧江—湄公河次区域经济合作指导小组"，负责地方一级的有关协调工作。

中国领导人高度重视和积极支持中国参与 GMS 经济合作，多次阐明中国政府在 GMS 经济合作中的态度和立场。1997 年，江泽民主席与东盟领导人发表《联合声明》，确定面向 21 世纪中国与东盟睦邻互信伙伴关系。声明确认在开发次区域方面双方有共同的利益，承诺通过促进贸易、投资和运输领域的活动，加强对沿岸国家的支持。中国政府支持召开 GMS 经济合作领导人会议，并已将 GMS 经济合作作为中国与东盟合作的 5 个重点领域之一。

2000 年 4 月，中、老、缅、泰四国交通部长正式签署了《澜沧江—湄公河商船通航协议》。2001 年 3 月，四国交通部签署了《实施四国政府商船通航协定谅解备忘录》，建立了澜沧江—湄公河商船通航协调联合委员会。2001 年 6 月，中、老、缅、泰四国实现了正式通航。为了确保船舶航行安全，四国就实施上湄公河航道改善工程达成了共识。2001 年 9 月，四国专家合作完成了《上湄公河中缅边界 243 号界桩至老挝会晒航道改善工程环境影响评估报告》。2002 年 4 月初，在中、老、缅、泰四国政府批准环境评估报告后，中国政府提供了资金支持，该工程施工现已基本完成。

在 2001 年 11 月的第五次中国—东盟领导人会议上，中国与东盟领导人一致同意在未来的 10 年内建立包括所有次区域国家在内的 CAFTA，并且对柬、老、缅三国部分产品实行特殊优惠关税安排。2002 年 11 月中国与东盟正式签署的《中国与东盟全面经济合作框架协议》提出，实施第一次 GMS 经济合作领导人会议所制定的次区域中长期发展规划，加快新加坡—昆明铁路（泛亚铁路）与昆明—曼谷高速公路项目的实施。

2002 年 11 月，在 GMS 经济合作第一次领导人会议上，朱镕基总理指出，次区域各国同属发展中国家，经济发展相对落后，加强区域经济合作，有利于发挥各自优势，加快经济发展步伐；有利于各国参与全球经济合作与竞争，提升本国和本地区在世界政治、经济格局中的地位。在开展区域合作方面，需要采取务实的态度，立足现有基础，着眼未来发展，不断拓展合作领域，充实合作内容，完善合作机制，以确保次区域合作沿着健康的轨道前进。他还提出次区域合作应遵循的原则，即坚持平等协商、互惠互利；坚持以项目为主导，注重实效；坚持突出重点，循序渐进①。

2005 年 7 月，GMS 经济合作第二次领导人会议在中国昆明举行。会上，温家宝总理宣布自 2006 年 1 月 1 日起，中国单方面向柬、老、缅三国扩大特惠关税产品范围。温家宝还建

---

① 王勤：《中国参与湄公河次区域经济合作及其进展》，《南洋问题研究》2004 年第 1 期，第 40 页。

议，应进一步加强基础设施建设，推进贸易投资便利化，深化
农业发展合作，重视保护资源与环境，加强人力资源培训，积
极推进卫生领域合作，探索多方位筹资发展基金①。与会六国
签署了便利客货运输、动物疫病防控、信息高速公路建设和电
力贸易等多项合作文件，批准了 GMS 贸易投资便利化行动框
架和生物多样性保护走廊建设等多项合作倡议。会议确立了以
"相互尊重、平等协商、注重实效、循序渐进"为主要内容的
合作指导原则，次区域合作由此迈上新台阶。

2008 年 3 月，GMS 经济合作第三次领导人会议在老挝万
象召开。会上，温家宝总理提出以下建议和倡议：关于基础设
施建设。加快交通走廊建设，加强泛亚铁路合作，推动信息高
速公路建设，形成次区域统一的电力市场。关于运输贸易便利
化。全面落实《大湄公河次区域便利客货跨境运输协定》，带
动贸易投资发展。中方倡议成立"大湄公河次区域经济走廊
论坛"。关于促进农村发展。加快推广以沼气为主的生物质能
源开发利用，中方愿为 GMS 五国建设 1500 户农村户用沼气。
加强跨境动物疫病联防联控能力。关于卫生合作。加强边境地
区传染病的联防联控能力。中国将于 2009 年举办 GMS 第二届
公共卫生论坛，并愿把与老挝、缅甸、越南等国的卫生合作项

---

① 中国新闻网：《温家宝七建议促 GMS 合作，扩大老柬缅特惠关税范围》，参
见其网站 http：//www.chinanews.com.cn/news/2005/2005 – 07 – 05/26/
595002.shtml（2005 年 7 月 5 日）。

目扩展至次区域更多国家。关于保护生态环境，加强各国适应气候变化的能力，执行好"生物多样性保护走廊"项目。中国将保护好湄公河发源地，照顾下游国家利益与关切。关于人力资源开发。加强机制，设计出更多更好的培训项目。今后3年，中国将把 GMS 经济合作框架下提供的培训人次翻一番，增至 1000 人次。2008 年为 GMS 五国增加 200 个中国政府奖学金名额。关于鼓励非政府力量参与合作。加强政府与工商界的伙伴关系。中方将继续举办"澜沧江—湄公河青年友好交流项目"，并纳入 GMS 经济合作框架。关于拓宽融资渠道。希望亚行进一步发挥融资带头作用，鼓励发展伙伴进一步加强资金支持，欢迎更多的国家和国际组织加入发展伙伴行列①。

在中央政府的支持和指导下，云南与广西两省区与 GMS 五国相关地区合作关系不断深化，各领域合作稳步推进。云南省与 GMS 五国相关地区建立了"云南—泰北工作组""滇越五省市经济协商会""云南—老北工作组""滇缅合作商务论坛"等双边合作机制。广西自 2005 年正式参与次区域合作以来，确立了本区参与合作的部门协调机制，制定了合作战略框架和行动计划。公路、铁路、航运、机场、口岸以及电力、电信等基础设施建设进展顺利，已建成设施运营良好。如今，云

---

① 新华社广西频道：《温家宝：就加强次区域合作阐述中方倡议主张》，参见其网站 http://www.gx.xinhuanet.com/dm/2008-04/01/content_12845139.htm（2008 年 4 月 1 日）。

南省与越、老、缅三国边境地区已开通了 11 条国际客货运输线路，昆明—万象客运已开通运营，广西已获批越南的国际道路运输线路 22 条，其中 10 条线路已开通。此外，农业开发、环境保护、旅游、卫生、人力资源开发等合作项目全面落实。

2. 中国 GMS 政策的基本内容

湄公河是次区域国家相互依存的天然条件，次区域是连接中国和东南亚、南亚地区的陆路桥梁和纽带，地理位置十分重要。从政治上看，20 世纪 90 年代末以来，中国和 GMS 五国确立了"建设面向 21 世纪的睦邻互信伙伴关系"的目标；从经济上看，次区域正是中国西部大开发战略和"走出去"战略的重叠区，被视为"未开发的处女地"和"东亚地区最后的一块大市场"；从安全上看，经营好这样一块山水相连、经济合作日益紧密、能够实现多赢目标的地区，有利于稳定周边。特别是云南省开展的禁毒和对境外罂粟替代种植的合作，具有地域的特殊性，国家也给予了特殊的政策支持，赢得了国际社会的广泛赞誉和合作对象国的认同，为拓展与东盟国家非传统安全领域的合作开辟了道路。正因为如此，中国政府高度重视 GMS 经济合作，将其作为推进 CAFTA 建设的一种独特而有效的方式。迄今为止，中国政府先后发表了 3 份《中国参与大湄公河次区域合作国家报告》，该报告可视为中国参与 GMS 经济合作政策的具体体现。

2002 年 GMS 经济合作第一次领导人会议期间，中国政府发表了第一份《中国参与大湄公河次区域合作国家报告》，启动了中国与沿岸国家进行湄公河次区域开发的全面合作。该报告由国家发展计划委员会、外交部、科学技术部、财政部制定，共分 11 个部分。报告指出，中国与 GMS 五国有着长期的友好交往和悠久的历史渊源。20 世纪 90 年代，随着国际政治多极化、经济全球化进程的加快，GMS 经济合作得到长足发展，引起了国际社会的广泛关注与参与，已经成为中国与东盟开展经济合作的重要组成部分。进入 21 世纪，构筑一个和平与繁荣的次区域是中国和中南半岛各国政府与人民的共同愿望。中国将遵循平等协商、互惠互利、共同发展的原则，积极参加 GMS 经济合作。在 GMS 经济合作中，中国与 GMS 五国将创造出共同发展的新机遇。通过不懈努力，共同把次区域构筑成中国连接东盟的陆域经贸通道，实现次区域各国贸易的便利化和自由化，实现次区域经济社会与生态环境的协调发展，实现次区域各国人民生活水平的不断提高。该报告还提出了 7 个方面次区域合作计划①。在此次领导人会议上，中国还与 GMS 五国签署了一系列重要协议、协定。

2005 年 7 月，在第二次 GMS 经济合作领导人会议期间，

---

① 中国国家发展计划委员会、外交部、科学技术部、财政部：《中国参与湄公河次区域合作国家报告》，参见其网站 http://www.lmsec.org/CHINESE/SITEMAP/information/qy.htm（2002 年 11 月）。

中国政府发表了第二份《中国参与大湄公河次区域合作国家报告》。报告分 12 个部分，对中国与 GMS 五国的经济贸易关系，中国参与 GMS 经济合作的新进展，中国与 GMS 五国开展交通运输、电力、电信、农业、环境保护、旅游卫生和人力资源开发、贸易与投资、禁毒等领域合作的设想做了详细介绍。报告指出，在新世纪，中国将按照"与邻为善、以邻为伴"的周边外交方针，以"睦邻、安邻、富邻"政策为出发点，为次区域经济社会全面发展和人民生活水平的提高做出贡献。中国坚持遵循平等协商、互惠互利、共同发展的原则，积极参与次区域各领域合作，与 GMS 五国在政治、经济、社会、文化等方面的联系不断增强。此外，中国已加入《大湄公河次区域便利客货运输协定》，出资帮助了上湄公河航道改善工程、泛亚铁路境外段前期研究工作，签署了《大湄公河次区域政府电力贸易协定》，并积极推动次区域贸易投资便利化进程、信息高速公路规划和生物多样性保护走廊的建设，在人力资源开发、卫生、电信、农业等领域还开展了一系列培训项目①。

2008 年 3 月，在第三次 GMS 经济合作领导人会议期间，中国政府发表了第 3 份《中国参与大湄公河次区域合作国家报

① 张雅棋、陈亚山：《〈国家报告〉8 大设想展示 GMS 远景》，参见云南省政府网站 http://www.yn.gov.cn/yunnan，china/76844876339216384/20050707/435653.html（2005 年 7 月 7 日）。

告》。该报告共分 5 个部分，对中国与 GMS 五国的经济贸易关系、中国参与 GMS 合作的新进展以及云南和广西参与 GMS 合作的情况做了详细的说明，并阐述了下一阶段中国参与 GMS 合作的具体设想。报告指出，中国将在公路、水运、铁路、民航诸方面进一步推进与 GMS 五国的合作；与 GMS 各国拓展能源合作，包括提高能效、发展替代能源，以确保次区域的能源安全；继续推进同 GMS 各方在电信领域的合作；积极推进首届 GMS 农业部长会议审议通过的《GMS 农业合作战略框架与农业支持核心计划（2006 – 2010）》的落实；在 GMS 环境合作中切实贯彻"环保上相互帮助、协力推进、共同呵护人类赖以生存的地球家园"的方针，坚持围绕以生物多样性保护走廊项目为核心，促进建设和谐区域，并营造有利于次区域环境与发展的国际合作空间；积极推进"金边培训计划"的实施，以云南和广西为参与区，积极推进次区域云南人力资源开发培训基地的建设；在既有合作框架下，促成与 GMS 五国间更加稳定、可持续的长效卫生合作机制；推动形成包括艾滋病、禽流感、登革热等传染病控制合作在内的 GMS 卫生合作战略；与 GMS 五国共同协作努力，推出和促销跨国旅游线路，培育具有鲜明特色的 GMS 旅游区；继续加强与 GMS 五国及与亚行等国际金融机构的合作，不断推进贸易投资便利化，提高通关效率，为次区域的经济增长和共同繁荣做出贡献；此外，中国将继续致力于加强与次区域有关国家和国际组织的磋商与合作，加大对毒品犯罪的打击力度，努力减少毒品对该地区的危害，积极支持次区域国家开展替代种植，争取该地区尽早全面消除非法罂粟种植①。

中国明确把 GMS 经济合作作为中国与东盟合作的 5 个重点领域之一，并把次区域合作的目标定位为：把大湄公河次区域构筑成我国连接东南亚、南亚的国际大通道；把次区域构筑成 CAFTA 的先行示范区②。中国愿与 GMS 五国一道继续不断深化 GMS 经济合作，加快次区域基础设施建设，推进贸易投资便利化与自由化，努力实现次区域的互联互通；加强能力建设和相互交流，提高整体竞争力，促进次区域经济社会全面发展和人民生活水平的不断提高；进一步巩固和发展与各国的传统友谊，共同营造和平稳定、平等互信、合作共赢的次区域环境。

3. 中国实施 GMS 政策所取得的成效

GMS 经济合作以项目为主导，根据次区域成员的实际需求提供资金和技术支持。自启动以来，GMS 经济合作围绕基础设

---

① 中国国家发展和改革委员会、外交部、财政部：《中国参与大湄公河次区域经济合作国家报告》，2008 年 3 月 28 日。转引自新华网 http：// news. xinhuanet. com/newscenter/2008 - 03/28/content＿ 7871673. htm （2008 年 3 月 28 日）。

② 王敏正：《论大湄公河次区域合作与中国—东盟自由贸易区的建立》，《东北亚论坛》2003 年第 3 期，第 17 页。

施建设、跨境贸易与投资、私营部门参与、人力资源开发、环境保护和自然资源可持续利用五大战略重点，截至 2007 年年底，在交通、能源、电信、环境、农业、人力资源开发、旅游、贸易便利化与投资九大重点合作领域开展了 180 个合作项目，共投入资金 100 亿美元，有力地推动了次区域各国的经济社会发展。其中，投资项目 34 个，总投资 98.7 亿美元，亚行自身提供贷款 34.26 亿美元，动员成员国及其他发展伙伴分别投资 29.8 亿美元和 34.66 亿美元；技术援助项目 146 个，涉及资金 1.66 亿美元，其中亚行提供赠款 7579 万美元[①]。中国大力推进 GMS 经济合作，在各种协调机制中发挥着积极作用。中国在交通、能源、电信、环境、农业、人力资源开发、旅游、贸易便利化和投资九大重点领域深化与 GMS 五国的合作，并不断推进卫生、禁毒等其他领域的合作，业已取得了丰硕的成果。

关于中国与 GMS 五国的贸易关系，如图 4-1 所示。自中国参与 GMS 经济合作以来，中国与 GMS 五国之间双边贸易继续保持了良好的发展势头，贸易结构进一步改善，双边投资额也有了较快增长。中国在 GMS 五国积极开展的劳务承包和设计咨询，合同额和营业额逐年上升。中国还以合资或独资等方

---

① 中国国家发展和改革委员会、外交部、财政部：《中国参与大湄公河次区域经济合作国家报告》，2008 年 3 月 28 日。转引自新华网 http://news. xinhuanet. com/newscenter/2008 - 03/28/content_ 7871673. htm（2008 年 3 月 28 日）。

式参与柬埔寨、泰国、越南的经贸合作区开发建设，促进了当地的经济发展。

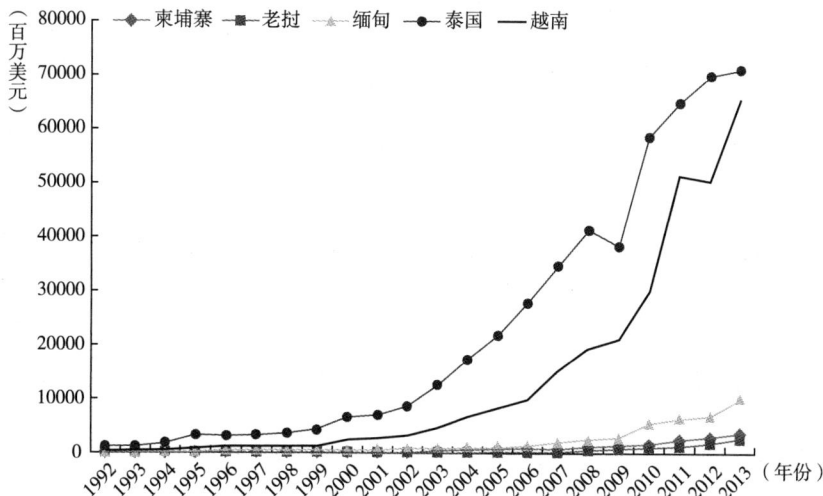

图 4 - 1 中国与 GMS 五国贸易统计

资料来源：中国商务部历年统计资料。

根据中国商务部统计，2013 年，中柬贸易额为 37.74 亿美元，比 2012 年增长 29.1%；其中对柬出口 34.1 亿美元，进口 3.64 亿美元，分别比 2012 年增长 25.9% 和 68.9%。2013 年，中国对柬埔寨直接投资额 4.99 亿美元，截至 2013 年年底，中国对柬埔寨累计直接投资达 28.49 亿美元。投资产业主要分布在水电站、电网、通信、服务业、纺织业、农业、烟草、医药、能源产品、经济开发区等[1]。

---

① 商务部国际贸易经济合作研究院：《对外投资合作国别（地区）指南——柬埔寨（2014 年版）》，2014，第 24 页。

21 世纪以来，中老贸易保持稳步增长。2013 年，中老贸易额为 27.33 亿美元，比 2012 年增长 58.4%；其中对老出口 17.23 亿美元，进口 10.1 亿美元，分别比 2012 年增长 83.8% 和 28.3%。2013 年，中国对老挝直接投资额为 7.81 亿美元，截至 2013 年年底，中国对老挝直接投资累计达 27.71 亿美元①。

2013 年，中缅贸易额为 101.94 亿美元，比 2012 年增长 46.2%。其中对缅出口 73.37 亿美元，进口 28.57 亿美元，分别比 2012 年增加 29.3% 和 20%。中国对缅主要出口成套设备和机电产品、纺织品、摩托车配件和化工产品等，从缅甸主要进口原木、锯材、农产品和矿产品等。中国已成为缅甸第一大贸易伙伴。2013 年，中国对缅直接投资额 4.75 亿美元。截至 2013 年年底，中国对缅甸直接投资累计达 35.7 亿美元。中国在缅投资主要集中在油气开发、油气管道、水电资源开发、矿业资源开发等领域②。

2013 年，中泰贸易额为 712.41 亿美元，比 2012 年增长 2.1%；其中对泰出口 327.18 亿美元，进口 385.23 亿美元，分别比 2007 年增长 4.9% 和减少 0.1%。中国对泰出口商品主

---

① 商务部国际贸易经济合作研究院：《对外投资合作国别（地区）指南——老挝（2014 年版）》，2014，第 16~17 页。

② 商务部国际贸易经济合作研究院：《对外投资合作国别（地区）指南——缅甸（2014 年版）》，2014，第 31 页。

要包括电气设备、机械设备、钢材、光学仪器、自动化数据处理设备、有机化学品、塑料制品、钢铁制品、交通运输设备、家具和家居用品。中国自泰国主要进口自动化数据处理设备、天然橡胶、电气设备、电子集成电路、塑料制品、机械设备、有机化学品、合成橡胶、能源类矿产品、木薯等。2012 年中国对泰直接投资额 4.79 亿美元；截至 2012 年年底，泰国累计在华实际投资达 34.7 亿美元，中国对泰国直接投资累计达 12.4 亿美元[①]。

近年来，中越经贸关系发展迅速，中国已连续 10 年成为越南最大贸易伙伴。2011 年 10 月，两国签署《中越经贸合作五年发展规划》。2013 年 10 月，双方签署《关于建设发展跨境经济合作区的谅解备忘录》。2013 年，中越贸易额为 654.78 亿美元，比 2012 年增长 29.8%；其中对越出口 485.86 亿美元，进口 168.92 亿美元，分别比 2012 年增长 42% 和 4.1%。中国对越南出口商品主要包括机械器具及零件，电机、电气、音像设备及零附件，钢铁制品，服装，车辆及其零附件，矿物燃料、矿物油、沥青等，棉花，钢铁，针织物和化肥。中国自越南进口商品主要包括矿物燃料、矿物油及其产品、沥青等，蔬菜，橡胶，机械器具，电机、电气、音响设备，棉花，水

---

① 商务部国际贸易经济合作研究院：《对外投资合作国别（地区）指南——泰国（2014 年版）》，2014，第 26 页。

果、坚果，家具、寝具、灯具、活动房，木材及木制品、木炭，鞋等。中国对越投资尽管总量不大，但增长较快。2013年，中国对越直接投资额4.81亿美元，截至2013年年底，中国对越南直接投资累计达21.67亿美元[1]。目前，中国对越投资主要集中在加工制造业、房地产和建设行业，在配套工业、高新技术产业和基础设施等领域投资不大，尚有较大发展潜力。

---

[1] 商务部国际贸易经济合作研究院：《对外投资合作国别（地区）指南——越南（2014年版）》，2014，第19～20页。

日本的 GMS 政策对 GMS 五国对华政策的影响

通过上述对日本和中国两国对 GMS 政策的分别论述，可以看出，中国虽然是 GMS 经济合作的一个成员，但在政策出台、措施配套、具体实施等方面，中国还是与日本存在许多差距。日本已经进一步密切了与 GMS 五国的关系，日本在 GMS 以援助换取政治影响力的手段初见成效，也为自己获得了外交加分①。在此背景下，日本的 GMS 政策对 GMS 五国对华政策产生了一定影响。

1. 对柬埔寨对华政策的影响

1993 年柬埔寨新政府成立以后，推出了其外交政策的总体指导思想，即以经济外交为中心，立足周边，广交朋友，在

---

① 樊小菊:《日本高调推进"湄公河外交"》,《国际资料信息》2008 年第 4 期，第 13 页。

大国间寻求新的战略平衡。在这一原则下，柬埔寨积极推行务实的外交政策，尤其重视发展同包括日本在内的西方国家的经济外交，这为正处于恢复和重建中的柬埔寨经济带来了巨大收益。当然，柬埔寨也非常重视发展对华关系，两国高层近年来互访频繁，双边关系明显改善，柬埔寨首相洪森也多次强调"中国是柬埔寨的战略依托和坚强后盾"。但柬内部仍有一些不和谐的声音传出，一些人认为，中国在柬埔寨获得战略立足点，将对柬埔寨的独立和自主带来负面效应，并担心"和中国过于接近会使柬对外政策的可选项受到限制，从而难以得到西方国家的援助"①。洪森身边的一位助手甚至比喻说："中国就像一团火焰，如果你太接近它，就会被燃烧，但远离它又会感到寒冷。"② 目前柬埔寨唯一的反对党桑兰西党领袖桑兰西就毫不掩饰自己的亲西方反共立场，他主张依靠美日等西方国家来平衡中国在次区域以及柬国内的影响③。一旦该党上台执政，其外交政策势必会向西方国家倾斜。基于柬埔寨和越南之间的特殊关系，柬埔寨在中国南海问题上曾表现出对中国的不

① 〔日〕铃木真：《中国在柬埔寨影响日益扩大》，《东京新闻》2002 年 12 月 7 日。转引自中国网 http：//www. china. com. cn/chinese/ch – yuwai/244922. htm（2002 年 12 月 11 日）。

② Nayan Chanda，"Southern hospitality"，in *Far Eastern Economic Review*，Vol. 164，No. 20，May 2001，p. 31.

③ 唐世平、张洁、曹筱阳：《冷战后近邻国家对华政策研究》，世界知识出版社，2005，第 79 页。

满。在湄公河水资源问题上，由于近年来柬埔寨最大的淡水湖泊洞里萨湖水量减少，柬认为这与中国在湄公河上游修建水坝有关，在多个场合公开表示反对中国在湄公河干流上修建水电站①。

如前所述，日本对柬埔寨的援助促进了日柬两国经济合作的发展，扩大了日本在柬埔寨的市场，使柬埔寨对日本经济援助的信任和依赖已经扩展到了政治立场上。虽然日本还是在柬实际投入 ODA（政府开发援助）金额最多的国家，但中国在 2008 年召开的柬埔寨援助国会议上宣布的援助金额首次超过日本居首位。对于中柬关系的迅速发展，日本表现出了强烈的危机感，并频频施以一些小动作来丑化和攻击中国。例如，日本一些官员诬蔑中国对柬基础设施援建项目不考虑环保和对当地居民搬迁补偿等问题②。日本一些组织甚至暗中支持柬埔寨反对中国在湄公河上游的澜沧江修建水电站和整治河道，并营造国际舆论，试图对中国形成压力，逼迫中国

①　Kayo Onishi, *Politics of International Watercourse in Case of China and the Downstream Countries in the Mekong River Basin*, the Master's thesis of the University of Tokyo, February 2006, p. 21; Philip Hirsch, "Water Governance Reform and Catchment Management in the Mekong Region", *The Journal of Environment Development*, Vol. 15, No. 2, June 2006, p. 189.

②　共同通信社:《分析：中国大力援助柬埔寨令日本产生危机感》，参见其网站 http://china. kyodo. co. jp/modules/fsStory/index. php? storyid = 74413% 26sel_ lang = tchinese（2009 年 10 月 3 日）。

让步。此外，日本对柬埔寨审判红色高棉法庭的运营也异常关心和支持，不仅负担了审红法庭所需的一半费用，还派遣日籍法官直接参与审红工作。日本等西方国家为审红推波助澜呼声最高的时期，正是中国"威胁"论在次区域最为流行的时期。回顾推动审红的整个过程，不难看出日本"审红舞剑、意在中国"的心态。

受日本的影响，尽管近年来柬埔寨对华关系在不断升温，但柬埔寨对中国始终有所保留，刻意与中国保持一定距离，在中日之间大搞平衡战略，以获取利益最大化。为换取日本的更多援助，对于日本成为联合国安理会常任理事国、被朝鲜绑架日本人、朝鲜核武器开发、减少温室气体排放等问题，柬埔寨由原先的保持沉默转变为明确支持日本的立场。为表示对日本援助的关注和重视，柬埔寨政府于 2003 年4 月 4 日发行使用的 500 元柬币面额的新钞上，印着由日本无偿援助建设的横跨湄公河的柬日友好桥的雄伟景象。柬埔寨首相洪森表示"这是为了庆祝柬日建交 50 周年的纪念"①。同年，该桥的图像也被柬埔寨做成邮票予以纪念。对于柬埔寨的上述表现，日本政府很得意，将柬看作是阻止中国势力南下 GMS 的重要国家，一些官方文件也沾沾自喜地把柬埔寨

---

① 钟楠：《浅析日本对柬埔寨的援助外交》，《东南亚纵横》2003 年第 12 期，第 79 页。

称之为新的"亲日国"①。

2. 对老挝对华政策的影响

冷战结束后，随着国际和地区形势的变化，老挝对其对华政策进行了重大调整，对华睦邻友好和合作关系得到恢复和发展。1989 年 10 月老挝部长会议主席、人民革命党总书记凯山·丰威汉访华和 1990 年 12 月李鹏总理访老，是两党两国关系恢复、发展的转折点，也标志着中老两国友好关系和全面合作进入新的发展阶段。1991 年 10 月中老两国政府签署了《边界条约》，1993 年 12 月又签署了《中老边界制度条约》，这从制度和法制上确保中老边界成为一条和平安宁友好的边界。自此，老中高层互访频繁，睦邻友好关系迅速发展。在发展双边关系和对一些重大国际问题的看法上，两国领导人共识增多，两国间政治关系稳步发展。老挝的对华政策可概括为：政治上睦邻友好，外交上突出国家关系，经济上逐步挖掘合作潜力，军事交流与合作逐步深入，文化和教育合作得到加强。两国在 GMS 经济合作、中老缅泰"黄金四角"经济合作、禁毒替代种植合作等领域的合作逐步扩大。中老睦邻友好合作关

---

① 日本外务省：《政府开发援助（ODA）国别数据 2008》，2008，第 27 页；日本参议院：《第 5 次参议院政府开发援助（ODA）调查派遣报告书》，2008 年 11 月，第 43 页。

系进入全面发展的新时期①。老挝对华政策表现出灵活务实、独立自主、注重经济和全面发展的特点②。

在同一时期，老挝在其以谋求经济援助为主的务实外交背景下，与日本关系也有了长足发展。如前所述，老日关系主要是发展经贸合作和人才交流，以及争取日本对老挝的援助。自1991年以来，日本一直是老挝的最大援助国，年平均援助数额超过1亿美元③。同时，日本还加强了对老挝科技领域方面的援助，特别是对老挝人才培训方面的援助，培植亲日势力。老挝在经济上注重争取日本和国际组织的援助，客观上造成老挝对华需求相对减少。由此，老挝高度重视对日关系，多位领导人先后多次访问日本，双方在政治、经济和安全等方面的合作较为密切④。其中比较值得注意的事件就是在2008年10月召开的第63届联合国大会上，老挝对日本竞选安理会非常任理事国投赞成票，而在此之前，考虑到与中国的友好关系，老挝曾一度持反对意见。在中国与日本之间，老挝既需要中国的政治、经济方面的支持，防止包括西方国家的"和平演变"，

---

① 卓礼明：《冷战后老挝的对华政策》，《东南亚研究》2001年第1期，第60页。

② 卓礼明：《冷战后老挝的对华政策》，《当代亚太》2000年第9期，第22页。

③ 马树洪、方芸编著《老挝》，社会科学文献出版社，2004，第336页。

④ 陈定辉：《老挝：2008年回顾与2009年展望》，《东南亚纵横》2009年第2期，第37页。

又需要日本的经济援助，同时又以对日关系来遏制中国的影响力。

3. 对缅甸对华政策的影响

近年来，对于中缅关系的日趋密切，日本的关心程度不亚于缅甸的其他邻国，日本担心中缅亲近会威胁到它的安全。在日本看来，中国军事影响力向印度洋的延伸，更是直接威胁到日本依赖波斯湾、印度洋，经过东南亚到太平洋的商品及能源海运生命线。从长远的战略观点看，同中国争夺缅甸的外交主导权和丰富资源，对日本维护海上生命线也是十分重要的[①]。日本不愿失去缅甸这一战略要地，而让自己处于战略劣势。

为了维持在次区域特别是缅甸的传统影响力，保持日本在次区域的主导地位，防止中国势力的渗透，日本不得不对缅甸实施怀柔政策。因此，日本和欧美保持一定的距离，和缅甸军政府来往密切，并试图用胡萝卜而非大棒政策来诱导仰光政府与中国保持一定的距离[②]。日本一直是缅甸最大的外援和债权国，也经常利用这两种工具阻止缅甸过于偏向中国。日本为了

---

① 〔日〕《中国南进外交——应从保卫海上航线的角度进行警戒》，《世界日报》2006 年 9 月 4 日。

② J. Mohan Malik，"Myanmar's Role in Regional Security: Pawn or Pivor?" in *Contemporary Southeast Asia*，Vol. 19，No. 1（June 1997），p. 60.

抵消中国对 GMS 五国的影响，一直散布"中国南下威胁论"。特别是面对综合国力的差距越拉越大的现实，缅甸益发恐惧和担心中国有朝一日会大举"南下"①。换言之，日本不希望中国的势力通过缅甸而达到印度洋。这种战略考量成为日本对缅甸军方 2007 年 9 月镇压游行示威不便做过多指责的主要因素。这从一个侧面反映了中日关系发展中的竞争日益加剧，表现了日本对中国崛起的担忧。

事实上，日本使用经济援助的影响力明显优于欧美各国的外交及政治压力。日本的压力被广泛地认为是影响缅甸军政府改变其经济政策的主要因素。同样，缅甸政府对日本也非常看重，缅甸人在感情上对日本人不反感。在缅甸人看来，二战期间毕竟是日本人应缅甸人的邀请，帮助缅甸人打败了英国人，让缅甸人看到了亚洲人可以战胜西方人的实例，第一次同意缅甸独立（尽管是名义上的）。缅甸军政府上台以来，日本是西方国家中对缅政策最为宽松的，甚至曾反对美国把缅甸问题提交到联合国安理会讨论。缅甸军政府也把日本视为打破西方外交封锁的一个重要突破口。此外，日本对缅甸的 ODA 始终居于世界其他国家之首。对于日本希望与缅甸进一步发展关系的意图，缅甸军政府自然是心知肚明。这使得缅甸的国际环境得

① 王介南：《缅中关系与中国西南周边安全》，《世界经济与政治论坛》2004 年第 4 期，第 58 页。

到很大改善，且获取不少实利，承受西方压力的筹码增强，也有助于缅甸缓解经济困境。因此，缅甸军政府极力利用一切渠道和机会向日本示好，以寻求日本政府对其政权的支持。外部环境的相对改善将会使缅甸对华依赖程度相对降低，也为军政府内部本就存在的质疑缅对华友好政策的势力提供活动空间①。

4. 对泰国对华政策的影响

自近代以来，泰国为使本国免遭殖民统治，一直在各列强的夹缝中求生存，采取"以夷制夷"的外交思想实行其对外政策，并逐渐演变为现在的大国平衡外交政策。由于自身安全的脆弱性和经济发展空间的有限性，泰国不得不积极发展同区域内外所有大国更为紧密的关系，这就决定了泰国不可能完全依赖与某一大国的同盟来维持自身的政治经济安全。泰国需要维持与日本一定程度的合作，也需要保持同中国非常密切的关系②。

20 世纪 80 年代，中泰关系发展为"准战略伙伴关系"，其内容主要包括战略磋商、武器运输和武器销售等。80 年代

---

① 岳德明：《冷战后缅甸对华政策刍议》，《外交评论》2005 年第 4 期，第 58 页。

② 李优坤：《泰国对华外交中的防范因素分析》，《历史教学》2008 年第 2 期，第 58 页。

末，印支问题解决在望，中泰关系的侧重点从军事和政治方面转为经济方面。冷战后，国际政治中意识形态因素的作用大幅度减弱，这使泰国在安全上的对外依赖减轻，为泰国调整对华政策奠定了良好的基础。由于泰国的周边地区没有出现其他军事力量，这使中国成为冷战后影响东南亚局势的重要战略力量。冷战的经历使泰国认识到，发展与中国的战略伙伴关系对确保泰国的安全至关重要。特别是中泰两国在解决柬埔寨问题上进行了成功合作后，双方建立了较为深厚的互信关系。为此，泰国开始奉行一种调适性政策（policy of accommodation），即一方面谨慎处理对华关系，因势利导地迎合中国的利益需要，以避免不必要的冲突；另一方面，为避免过于依赖中国和免受中国的控制，泰国又开展大国平衡外交，注意发展与美、日等亚太大国的合作关系，以平衡中国的力量增长①。1997 年美日修订完成《新安保防卫指针》后，其对"周边事态"的解释曾引起中国的极力反对。就泰国而言，在如何对待美日同盟和中国的反应问题上，其心情颇为复杂。从安全上来看，泰国是比较欢迎美日同盟的，因为它一直把美国在东南亚地区的军事存在视为保持地区稳定所必不可少的。泰国对日本的军事地位并不感到担忧，认为 1993 年日本的派兵法案并不会复活

①　李小军：《论战后泰国对华政策的演变》，《东南亚研究》2007 年第 4 期，第 43 页。

军国主义。尽管如此，泰国深刻认识到美日的新防卫指针会引起中国的不安，特别是"日本周边事态"的解释会刺激中国，泰国不会不理睬自己邻居的态度。在美日安全同盟及其对中国的含义问题上，泰国的态度表明它是理解中国的利益诉求的①。

总体而言，虽然日本的 GMS 政策会对泰国对华政策和对华关系产生一定影响，但一贯在大国的夹缝之间实行平衡战略的泰国为了实现国家利益的最大化，也不太可能因与日本亲近而过分疏远与中国的关系。因为这样不仅会使泰国丧失原本可以从对华友好交往中获得的好处，甚至树立中国这样一个其根本无法应付的强大对手，还会缩小本国外交回旋的余地，将本国的命运完全置于一些大国的控制之下。这是泰国不希望看到的结局。对于一贯奉行"以夷制夷"的泰国而言，重要的是中日之间尚未发生不可调和的正面冲突，泰国就必然会以同步进行的多边外交方式发展同中国和日本的双边关系，形成有利于泰国的中日相互竞争和相互制约的态势。就目前的情况看，相较于经济长期低迷的日本，在全球经济不景气的环境下仍能保持高增长的中国无疑是泰国的首选。与中国在经济领域进行战略性合作，不仅有利于

①　李小军：《论战后泰国对华政策的演变》，《东南亚研究》2007 年第 4 期，第 45 页。

泰国优化出口布局以扩大出口，还能借中国之力使泰国在双边和多边经济合作中处于有利态势。而与中国开展的GMS经济合作还将极大推动泰国东北边远贫困地区经济的发展①。

5. 对越南对华政策的影响

自1991年中越两国关系恢复正常以来，政治互信关系迅速提高。双方本着"结束过去、开辟未来"的精神，为巩固和加强两国友好关系做出了不懈努力。1999年，两国领导人确定了新世纪指导两国关系的十六字方针，即"长期稳定、面向未来、睦邻友好、全面合作"。近年来，两国领导人又一致同意把两国关系的定位为"好邻居、好朋友、好伙伴、好同志"的"四好"关系。越南对华政策的主要内容可概括如下，第一，保持高层互访，以密切的政治交往推动与中国的关系从较低的传统睦邻友好层面发展到长期稳定和全面合作的较高层次；第二，通过不断发表联合公报或联合声明，确立与中国关系的基本框架，强调和重申对华政策的基本原则和方针；第三，根据平等原则、注重实效、优势互补、形式多样、共同发展的原则，不断扩大对华经贸和科技合作；第四，鼓励对华

---

① 周方冶：《泰国对华友好合作政策的动力与前景》，《当代亚太》2004年第11期，第21页。

开展各层次、各领域的交往①。

　　虽然中越两国已于 2008 年年底全面解决了陆地边界问题，但两国之间还存在北部湾划界和南沙群岛及其附近海域的主权和海洋权益争议。特别是越南近期在南海主权问题上频频挑衅中国，大有将南海问题国际化的趋势，这对两国关系的发展具有很大的潜在制约作用。近年来，越南以油气招标为诱饵，试图将日美等国拉入南海，使南海问题进一步国际化，同时逐步扩展与日美等国的军事交流，提高越南在本地区的大国地位。日本也追随美国，以维护南海航道安全为名介入南海，试图借此在日中东海争端中向中国施压。早在 1997 年版的日本《防卫白皮书》中，就已把国防问题的涵盖面扩大到了南沙群岛，旨在"保护日本的经济利益和战略安全"。1997 年 4 月，日美将南沙群岛列入安保条约新《防卫合作指针》中，目的在于使日美插手南沙群岛争端合法化②。由于中日和中越之间都存在海洋主权争端，日本对越南与中国围绕南海问题的分歧十分关注。围绕海洋主权争端，日越两国立场接近，希望在该问题上共同合作以打压中国，迫使中国让步，并借机离间中越关系。而越南为了维护一己私利，亦借外力制衡中国，进而和日

---

　　① 唐世平、张洁、曹筱阳：《冷战后近邻国家对华政策研究》，世界知识出版社，2005，第 102 ~ 103 页。

　　② （新加坡）张智新：《中越关系的多重隐忧》，《联合早报》2006 年 11 月 17 日。

本等区域外大国合作，试图令日本等区域外大国卷入南海问题，促使南海问题复杂化。2008 年 3 月，日本"松雪"号和"滨雪"号护卫舰访问胡志明市，并与越南海军进行联合演习。2009 年 11 月 26～27 日，越南在首都河内举办了由国际学者和专家参加的关于"南海领土主权争端的国际研讨会"，其中就有日本学者到场为越南摇旗呐喊①。

对于越南来说，当前与长远的战略都是要发展，特别是通过发展经济来带动其他领域的强大。从这个意义上看，越南利用中日两国之间的竞争，采取支持日本入常、赞同日本在被朝鲜绑架日本人问题上的立场，借此争取到日本更多的资金、技术等来帮助越南实现快速发展，为确立和维持与中国的平等关系创造前提条件。总之，越南当前利用中国和日本之间的既合作又斗争的关系，为自己谋求更大的发展空间②。

6. 总体评价

由以上论述可以看出，中日两国在次区域的竞争态势不可

---

① 环球网：《越南欲将南海问题推向国际，河内举办论坛》，参见其网站 ht-tp：//topics. huanqiu. com/border/top/2009－11/646884. html（2009 年 11 月 30 日）。

② 潘金娥：《越南外交战略视角中的中日关系》，北京大学东南亚研究中心主编《2009 北大东南亚研究论文集》，香港社科出版公司，2009。转引自潘金娥的个人博客，http：//panjineblog. blog. 163. com/blog/static/84628209200998854212192/（2009 年 10 月 8 日）。

避免。日本极力介入次区域的经济合作，通过加强政治对话，扩大安保合作，借助贸易、投资和援助三位一体的方式，不断拉拢 GMS 五国，已对中国与 GMS 五国的合作造成了一定困难。今后日本甚至可能会和美国、印度等区域外大国联手牵制中国，将使次区域局势更加复杂，不利于东亚地区的和平稳定及经济发展。日本拥有雄厚的资金和技术，在次区域投入巨大，经营时间最长，日本对 GMS 五国的贸易、直接投资和援助额均远远超过中国，日本参与 GMS 经济合作的根基比中国更深更广。对于中国的崛起，日本外务省官员甚至称：对东盟来说，"冷战后最大'威胁'是中国"①。但日本试图遏制中国在 GMS 影响扩大的意图，显然带有冷战思维的痕迹，既不现实，更有害于次区域经济发展。

对于 GMS 五国来说，基于其一贯采取平衡外交战略的传统，巧妙地走着中间路线，可以认为 GMS 五国希望中日两国在次区域乃至东亚地区继续保持"既合作又竞争"的关系。这样，一方面 GMS 五国能够在中日两国之间保持平衡，另一方面又能利用中日之间缺乏互信、相互竞争和猜忌的关系，从中日两国都获得好处。至少在目前，日本与中国在次区域的竞争已使 GMS 五国获益匪浅。当然，GMS 五国也不希望看到中日关系恶化。如果出现这种局面，GMS 五国将面临在中日之

---

① 日本《朝日新闻》1995 年 6 月 6 日。

间选其一的困难抉择。

次区域属于欠发达地区，该地区最发达的泰国 2010 年人均 GDP 为 4992 美元，最不发达的缅甸仅为 742 美元①。该地区国家希望引入区域外资金、技术和经验等来加快开发进程，并将大国引入该地区的合作机制，通过大国间的力量平衡来拓展自身政治、经济和安全空间，但过多的合作机制反而造成各机制之间的重叠，并增加了交易成本乃至机会成本。李巍认为，主要行为体对东亚地区经济合作进程的领导权的争夺，导致了该地区经济合作的"制度过剩"。一方面，它增加了政治谈判的成本；另一方面，多重机制的共存从总体上破坏了构建一个统一的集团身份认同的努力，呈现出"意大利面条碗效应"（spaghetti bowl effect），加剧了成员国身份认同的模糊②。对此，笔者更愿意用"机制拥堵"来解释这一现象。在次区域开发合作进程中，由于区域外大国主导的合作机制蜂拥而上，已经超出了该地区的现实需求，不仅发展水平低下，保障力度不够，且各机制之间相互倾轧，彼此掣肘，反而妨碍了该地区开展更加深入的开发合作，这对于一个欠发达地区来说并非幸事。

在政治安全方面，日本极力参与次区域的战略博弈，不利

---

① ASEAN – Japan Center, *ASEAN – Japan Statistics 2011*, March, 2012.

② 李巍：《东亚经济地区主义的终结？——制度过剩与经济整合的困境》，《当代亚太》2011 年第 4 期，第 13 页。

于地区内部政治互信，影响了地区稳定。越南和泰国同为该地区的重要成员国，相互间建立了基本的政治互信和经济互利共赢局面。但是，日本等区域外大国利用政治和经济等诸多手段增加在该地区的政治影响，使得越南和泰国之间的竞争也在加剧①。另外，大国博弈使得该地区的安全困境凸显，给地区的安全带来诸多不确定因素。GMS 五国之间本身存在疆域争端，并且在吸引外部资金、技术方面存在竞争关系。日本等国参与次区域开发合作目的各有不同，存在利用 GMS 五国内部矛盾实现自我政治目标的现象。

在开发合作方面，日本极力参与合作，合作机制多样，给 GMS 五国经济和社会发展带来一定支持。从日本参与的合作机制来看，有 GMS、FCDI、AMEICC、JCLV、10 + 1 等合作机制，这些合作机制在合作范围、层次和程度上各不相同，但都是围绕着次区域开发合作展开的。GMS 五国由此获得了日本等区域外大国的资金和技术援助，为其发展和繁荣奠定了基础。然而，区域内外合作"机制拥堵"，不仅导致各方利益难以协调，且上述合作机制都普遍存在着机制建设不完善的问题。在 GMS 五国之间、湄公河流域上游和下游国家之间也存在利益之争。各国间竞争有余而互补不足，各国

---

① 毕世鸿：《泰国与越南在湄公河地区的合作与竞争》，载《东南亚研究》2008 年第 1 期，第 13 页。

的市场主要是外向的，国内的市场并不占据重要地位。这决定了参与方不能同意让渡主权，也不愿意建立强制性的制度安排。况且，受到各大国的战略制约，导致外部支持的持续性差，从而影响地区内部经济发展的持续性。目前，资金问题是影响次区域经济合作的一大困难。虽然区域外大国对该地区一直进行援助，但是资金缺乏还是困扰着次区域的经济合作，加之区域外大国的投资和援助直接受到其政治行为的影响，导致一些项目难以有效实施或持续开展。①

从国家视角来看，有关各方参与 GMS 经济合作的动机不尽相同：日本关注的是获取市场、资源和次区域合作的主导权；GMS 五国关注的是市场、技术和安全；而中国关注的是市场、资源与和平稳定的周边安全环境。这虽然造成了某种程度上的集体行动困境，但中日亦可由"竞争"转为"竞合"。两国在次区域各有优势，有合作的可能性，甚至在某些领域可以互补。由于 GMS 经济合作的开放性及其所需要的大量投入，也由于中国和 GMS 五国在引进外来资金、技术人才、管理经验的需要，拥有强大资金和技术实力的日本参与次区域合作的状况将长期存在。亚行关于 GMS 经济合作规划第二个十年战

① 毕世鸿：《机制拥堵还是大国协调——区域外大国与湄公河地区开发合作》，《国际安全研究》2013 年第 2 期，第 69 页。

略框架提出要在众多伙伴和合作机制之间"建立战略联盟和伙伴关系"①。因此，尽管经济实力较强的国家可以发挥较大的推动力作用，但由某一个国家来主导 GMS 经济合作是不可取的。更为可行的是在以 GMS 经济合作为主流合作机制充分发挥作用的同时，加强中日之间的沟通和协商、规划和协调，并完善本国的参与机制，以实现中日两国作用的充分发挥和参与合作各方的"共赢"。

---

① 贺圣达：《大湄公河次区域合作：复杂的合作机制和中国的参与》，《南洋问题研究》2005 年第 1 期，第 10 页。

六 日本 GMS 政策的发展动向及中国的 应对思考

综上所述，日本将 GMS 视为"希望和发展的流域"，把 GMS 视为日本亚洲外交中最重要的区域①，积极开展对 GMS 外交，不断改进和深化其 GMS 政策。日本实施 GMS 政策的目的在于，要使次区域成为由日本主导的国际合作的样板，从而为日本实现政治大国奠定基础。同时，日本还试图降低中国在次区域的影响力。进入 21 世纪以来，日本的 GMS 政策取得了突破性进展，日本与 GMS 五国的关系日趋密切，逐渐步入一个相对成熟的阶段。但是，在内外政治、经济、安全、历史认识等结构性因素的制约下，某种程度又表现出一定的被动性和脆弱性。

① 日本外务省：《高村正彦外务大臣演说：湄公河地区的发展是东盟的利益，东盟的发展是日本的利益》，参见其网站 http：//www.mofa.go.jp/mofaj/press/enzetsu/20/ekmr_ 0523.html（2008 年 5 月 23 日）。

1. 日本在 GMS 今后的动向

（1）政治上，继续开展"金元外交"，争取 GMS 五国对日本外交政策的支持

当前，日本对 GMS 五国外交的重点之一是确保在入常以及朝鲜核武器开发等国际和地区性问题上持续获得 GMS 五国的支持。为了在程序上获得联合国成员国三分之二以上的多数支持，日本将进一步加强对 GMS 五国的外交活动，从经济援助、次区域开发、经济合作等方面展开"诱导"，以获得 GMS 五国的支持。由此可以看出，日本的 GMS 政策及其对 GMS 五国提供的援助表面上名为"无偿"，实则"有偿"，受援国在接受日本援助时，要对日本做出某些政治承诺。2005 年，柬埔寨和越南等国对于日本希望其支持日本加入联合国安理会常任理事国的请求不置可否，令日本只得决定推迟提交入常决议草案[①]。事后日本认为柬越等国之所以在入常问题上不支持日本，原因在于受到了中国的影响[②]。为此，日本加大了游说力度，促使 GMS 五国在 2008 年 1 月和 2009 年 10 月的"日本 –

---

① 《"超越邮政对决"——亚洲的日本在变小》，日本《朝日新闻》2005 年 8 月 20 日。

② 《日本再筑东南亚外交，超越撒钱外交，展开切实援助》，日本《产经新闻》2008 年 1 月 1 日。

湄公外长会议主席声明"以及 2009 年 11 月的《日本－湄公行动计划 63》中，均明确表示支持日本成为联合国安理会常任理事国。在 2006 年 12 月的联合国大会上，在表决包括被朝鲜绑架日本人问题在内的《朝鲜人权状况》决议时，越南和老挝曾表示反对，柬埔寨弃权。而在 2008 年 1 月和 2009 年 10 月的日本－湄公外长会议以及 2009 年 11 月的日本－湄公河地区各国首脑会议上，GMS 五国均支持日本在被朝鲜绑架日本人问题上的立场，要求朝鲜无条件返回六方会谈。GMS 五国还赞成日方提出的应对全球变暖的"鸠山倡议"以及东亚共同体设想。据此可以认为，GMS 五国今后为了获得日本的援助和换取日本在自由贸易谈判上的适当让步，很有可能会继续从政治上支持日本入常，并在被绑架日本人、朝鲜核武器开发、减少温室气体排放等问题上同日本保持一致。

（2）军事安全方面，将积极开展双边安全合作，增强在地区安全事务中的发言权

针对东盟国家主导东盟地区论坛（ARF）的现状，日本将极力参与 ARF 的多边安全对话与合作，推销日本的安全理念，如倡导"综合安全保障""人的安全保障"，试图在冷战后多极化格局形成过程中主导东亚地区的安全新秩序。同时，积极与 GMS 五国进行双边安全合作，不断突破日本宪法的禁区，

加紧对东南亚地区的军事渗透，以增大在地区安全事务中的发言权。在冷战结束后不到 10 年的时间内，日本已在海外派兵问题上实现了三大突破：一是 1992 年 6 月，日本通过了《联合国维持和平行动合作法案》（PKO 法案），并于当年 9 月派遣陆上自卫队到柬埔寨参加维和行动，首开海外派兵之门。二是 1999 年通过《周边事态法》，将包括次区域在内的东亚大部分地区划入所谓"周边事态"的范围。三是 2001 年 10 月利用"9·11"事件通过反恐法案，突破了海外派兵的地区和武器使用限制。其后，日本海上自卫队舰只多次穿越马六甲海峡为盟国提供补给，借口打击海盗的舰艇和携带重武器的陆上自卫队也"挺进"东南亚，不断加强其干预地区事务的能力。照此趋势发展，GMS 将不仅成为日本扩展经济影响力的广大空间、发挥政治作用的突破口，甚至有可能成为日本发挥军事安保作用的新天地①。此外，近年来，中国与日本和越南等国围绕岛屿和领海的争端日益激烈。对此，日本不仅加强与越南的双边合作，对其他四国也开展密集的外交工作，促使 GMS 五国在一定程度上"理解"日本的立场和政策②。在 2013 年 1

---

① 乔林生：《日本对外政策与东盟》，人民出版社，2006，第 216～218 页。

② 日本外务省：《日本—柬埔寨外相会谈（概要）》，2012 年 7 月 11 日，网址：http：//www. mofa. go. jp/mofaj/kaidan/g _ gemba/asean1207/cambodia. html；〔日〕外务省：《日本—老挝外相会谈（概要）》，2012 年 7 月 11 日，网址：http：//www. mofa. go. jp/mofaj/kaidan/g_ gemba/asean1207/laos. html。

月访越期间，安倍晋三在与越南领导人会谈时特意提出了与中国有关的南沙群岛主权问题，并结合钓鱼岛问题与越方达成了"反对通过实力改变现状、尊重法律支配"的共识①。

（3）经济上，日本将以签署 EPA 为先导，并不断增加 ODA，拉拢 GMS 五国

今后，日本还将采取大幅度增加对 GMS 五国的直接投资，以"当地生产""迂回生产"和"迂回出口"战略取代"加工贸易"的经济合作战略。此举既可理顺日本产业和贸易结构的调整，又可缓和与 GMS 五国的贸易摩擦，进而拉拢 GMS 五国，实现资源的合理配置。就日本对 GMS 五国的直接投资和 ODA 的关系而言，ODA 是明显服务于贸易和投资的。一方面，日本向 GMS 五国直接投资的增加，需要进一步改善基础设施等投资环境，这必然推动日本扩大对 GMS 五国的 ODA；另一方面，随着直接投资收益的增加，也为日本进一步增加对 GMS 五国的 ODA 提供财政基础。基于此，日本仍将是向 GMS 五国提供 ODA、投资和技术合作最多的国家以及最重要的贸易伙伴之一。日本作为东亚地区唯一的发达国家，以次区域为

---

① 《安倍出访东南亚在淡化"鹰派"色彩的同时牵制中国》，共同通信社，2013 年 1 月 20 日，网址：http://china.kyodonews.jp/news/2013/01/45181.html。

基点，逐步从次区域向南亚和东北亚等地扩充经济网络，延伸其产业链，加强与东亚各国的经济合作，从而保持日本在经济全球化和国际分工体系中的优势地位。

（4）在区域合作方面，日本将继续采取"双管齐下"的方针，实现与 GMS 五国的合作

为了主导东亚经济一体化进程，实现日本倡导的东亚共同体构想，日本在与 GMS 五国的谈判中，仍然采用"双边谈判，各个击破"的方式，在与泰国和越南签署了经济伙伴关系（EPA）的基础上，由易到难，进一步推动与老挝、柬埔寨和缅甸的交涉。可是围绕农业、关税和劳务输出等问题，各方意见相左。特别是农业问题涉及日本产业结构和政治结构的变化，内部利益集团阻力很大，不可能轻而易举地解决。同时，虽然日本与东盟整体签署了日本—东盟经济合作伙伴关系（AJ-CEP），但由于双方经济发展水平差距巨大，各自要求相去甚远，众口难调，要真正取得一致意见并具体落实，日本与东盟全体成员国建立自由贸易区尚需相当时日。

总之，21 世纪日本的 GMS 外交政策，将会是全方位加强经贸联系，推动与 GMS 五国的经济合作，逐步促进政治、安全领域的交流与协调。但是，在短期内日本在次区域发挥军事安全作用将是有限的。GMS 五国为了维护次区域的和平与安

全，谋求政治上的独立自主，运用大国平衡战略，反对任何一个大国谋求次区域的主导权，这在一定程度上也制约了日本外交的开展。

2. 日本在 GMS 的地位和作用

从以上日本的 GMS 政策可以看出，日本毫不掩饰自己的大国欲望，认为随着经济地位的上升，应该获得与经济地位相称的政治地位。因此，在冷战后，日本加快实现政治大国化的步伐，而这离不开 GMS 五国的支持。建立与 GMS 五国稳定的外交关系，是日本东亚合作战略的目标之一①。日本在贸易、投资和援助"三位一体"的经济合作战略框架下，期望在 GMS 建立一种有助于推动东亚共同体建设的合作范本。为此，日本不惜提供大量援助资金，并通过技术援助、政策交流等各种渠道，加强对 GMS 五国的渗透，影响着 GMS 五国的对外政策。事实上，日本与 GMS 五国长期的合作关系正在产生政治效益。越来越多的 GMS 国家赞同日本在政治与安全方面在该地区扮演重要的角色，以便制衡正在崛起的中国。在一些比较年轻的东盟政治领导人中，已经出现了比较强烈的亲日倾向。

此外，日本还试图通过文化外交来提升日本的软实力。日

---

① 高伟浓、胡爱清：《论战后东南亚国家对日本认识的演变》，《东南亚纵横》2003 年第 12 期，第 75 页。

本特别重视人力资源开发，近年来不断扩大对 GMS 东盟国家人力资源培训的合作力度。2008 年 1 月，日本制定了 5 年内邀请 1 万名 GMS 五国青年访日的计划。2008 年 3 月 25 日，日越两国政府签署了《有关为培养越南博士进行合作的备忘录》，日本承诺将在 3 年内扩大招收越南博士留学生的规模①。GMS 五国数以千计的学生受到日本的资助留学日本，学成回国之后成为支撑本国社会发展和经济建设的中坚力量。受援国的大批技术和管理人员得以前往日本进修并与相关机构进行交流，回国之后也保持着密切的联系。日本为 GMS 五国培养了一批技术过硬并致力于本国经济与社会发展的中高级管理队伍。此举既为受援国加快经济和社会发展提供大量人才，也培养了众多"亲日派"，并加深了受援国对日本的亲近感，可谓"一箭三雕"②。

由此不难看出，GMS 五国认为日本是促进 GMS 发展的重要伙伴，GMS 五国对日本的依赖也将成为一种长期的现象。如前所述，GMS 五国已在被朝鲜绑架日本人、朝鲜核武器以及导弹开发等问题上同日本保持一致立场，赞同日本提出的到 2050 年把全球温室气体排放减少 50% 的长期目标，支持日本成为联合国安理会常任理事国，希望日本在 GMS 能够发挥更

---

① 日本《日刊越南新闻》2008 年 3 月 26 日。

② 毕世鸿：《试析冷战后日本的大湄公河次区域政策及其影响》，《外交评论》2009 年第 6 期，第 121 页。

重要的作用①。这使日本的亚洲外交政策获得了一个稳固的支撑点，巩固了在东亚的地位，也提高了日本在国际社会中的威望。无论从政治还是从经济的角度看，今后很长一段时期，次区域仍将是日本迈向政治大国的一块"跳板"和"试验场"。

3. 进一步促进中国参与 GMS 经济合作的对策建议

对于中国来说，实现和平崛起是中国在 21 世纪的新目标。由于地缘、历史、民族等方面的关系，GMS 五国是与中国有着特殊地缘关系的周边国家群体，对中国现代化建设与和平崛起有着直接的重要影响。中国参与 GMS 经济合作，在政治上，可以营造有利于中国和平崛起的稳定的周边环境；在经济上，可以与 GMS 五国发展全面合作，促进共同繁荣。GMS 五国与中国山水相连、经济合作密切，是能够实现各国共赢的理想地区，也必然成为"中国威胁论"的消弭之地。可以说，这是中国"亲诚惠容"周边外交新理念和"睦邻、安邻、富邻"周边外交政策的具体体现，也是中国与东盟经济合作的一个龙头项目，对正式启动建立中国—东盟自由贸易区（CAFTA）

---

① 日本外务省：《日本–湄公外长会议（结果概要）》，参见其网站 http://www.mofa.go.jp/mofaj/area/j_mekong/0801_kg.html（2008 年 1 月 17 日）；日本外务省：《日本—CLV 外长会谈概要》，参见其网站 http://www.mofa.go.jp/mofaj/kaidan/g_komura/asean_08/jclv_gk.html（2008 年 7 月 22 日）。

和推动东亚共同体建设，无疑具有先锋和范本的双重意义。从这个意义上来说，GMS 经济合作正在成为东亚国家构建平等互信、互惠互利的新型国际关系的一个平台。

　　当前乃至今后一段时期，日本极力参与次区域开发合作已不可避免，中国必须承认这一现实。虽然日本对次区域各国的战略考量各不相同，各国战略利益在次区域有所重叠，竞争与合作交互上演，各大国在未来的竞争甚至有更加激烈的趋势。当然，对于次区域各国，中国在地缘政治上拥有日本无法比拟的优势，但日本也不甘落后，要加大筹码。当前，中国经济总量在东亚已占鳌头，日本等国已经感受到权力转移的压力，GMS 五国更有因"扈从"而失去自主性的恐惧。日本与 GMS 五国都极易沉迷于防范中国的合理怀疑。但在全球化时代，大国之间已成为利益攸关方，最后还是要和平共处。因此相互博弈中有一个远景目标，即寻求一种共处之道。尤其是大国之间都应认识到，如果发生全面对抗的话，可能没有赢家。面对日本试图主导次区域开发合作的局面，中国应本着"互利互惠、合作共赢"的原则，正确看待在该地区存在的结构性矛盾，以理性的态度积极应对，更可以利用各大国之间的矛盾，根据其参与次区域开发合作的类型和诉求，有针对性地改善和发展同日本的关系，拓宽合作领域，妥善处理分歧，推动建立长期稳定健康发展的新型大国关系。中国可加强与日本的战略对话和协调，以政治互信促安全合作，以安全合作促地区稳定，从而减轻日本的掣肘。同时，中国也要站在更高和长远的立场，进一步明确和细化在次区域的战略目标，避免对抗，坚持良性竞争。在如何进一步促进中国参与 GMS 经济合作方面，课题组提出以下几条具体的对策建议。

第一，继续坚持"亲诚惠容"理念和"睦邻、安邻、富邻"的周边外交政策，做负责任的地区大国，并把推动 GMS 经济合作作为中国全方位对外开放战略的重要组成部分。鉴于 GMS 经济合作的战略重要性和已有的广泛基础，中国应更积极、主动地参与 GMS 经济合作，提升参与合作的整体水平，加大经贸合作的力度，加强与 GMS 五国在开发资源等多领域、全方位的合作，增加投入，把通过合作繁荣和发展次区域经济，与加快中国西南的发展推进西部大开发，实现睦邻、安邻、富邻、富边，作为一个全面的明确战略，作为中国与东盟共建自由贸易区和加强周边外交的重要组成部分，始终高度重视继续深化和扩大 GMS 经济合作。截至目前，中国在 1997 年亚洲金融危机期间坚持人民币不贬值、参加《东南亚友好合作条约》、与东盟各国共同签署《南海各方行为宣言》，体现了中国通过实行自我克制和愿意接受约束来传达中国是个负责任的地区大国的善意。今后，中国可进一步对 GMS 五国开放国内市场，增加投资，设法减少双边贸易中中方的出超，促进双边和多边经贸关系的顺利发展，以共同利益为纽带，以实现互利共赢为基本出发点，让 GMS 五国真正与中国分享发展机会，使 GMS 五国能更好地接受中国的经济增长，将中国的发展视为机遇而不是威胁。

第二，加强中国与 GMS 五国政府间的信任和相互支持。在拓展中国与 GMS 五国经济合作的同时，有必要进一步加强双方的政治对话与合作，增进相互了解与信任，这是 GMS 全面发展的重要内容。中国与 GMS 五国应坚持"相互尊重、平等互利、彼此开放、共同繁荣、协商一致"的次区域合作原则，保持和加强双方高层之间的互访和各级部门的频繁接触，继续利用亚太经合组织、东亚领导人会议、东盟地区论坛和 GMS 经济合作领导人会议等业已存在的对话磋商机制，增强彼此间的了解和信任。以 GMS 经济合作第三次领导人会议签署的《领导人宣言》为新起点，进一步巩固双方关系的政治法律基础，为完成 CAFTA 的构建创造良好的合作氛围。继续保持和发展双方已建立的良好关系，进一步夯实和推进双方的政治关系基础。保持领导人的密切接触、沟通和交流，建立双方领导人深厚的个人感情；要注意做好释疑解惑，增进互信的工作，做到既不大张旗鼓地过分宣扬，也要对相关国家及组织适当地"吹风"，甚至必要时适当地做些解释和说明工作，争取他们的理解和支持；并加强与 GMS 五国在国际机构和组织中的磋商协调和协作，特别是加强与 GMS 五国在东盟会议、亚欧首脑会议内的协调；鼓励 GMS 五国在国际事务中发挥应有的作用；促进党际、社会团体间的互访交流。

第三，加强安全合作，维护地区稳定。GMS 合作的顺利推进需要有关各方加强政治、安全等方面的合作。中国在次区域应始终坚持以互信、互利、平等、协作为核心的新型安全观，力争做到同 GMS 五国相互尊重、求同存异、和睦相处。目前，中国与 GMS 五国在反对恐怖主义、打击跨国犯罪、防治传染病以及环境保护等方面正在进行积极的合作。《大湄公河次区域发展未来十年战略框架》《大湄公河次区域贸易投资便利化战略行动框架》等政府间文件的发表，是中国与 GMS 五国共同努力的结果。未来，中国与 GMS 五国应继续携手前进，在司法、海关、情报等部门建立长期、直接的联系合作渠道，使非传统安全合作经常化、制度化。这不仅有利于为 GMS 经济合作的顺利实施提供保障，也有利于次区域的全面发展。

第四，加强大国协调，以政治互信促安全合作。在目前的战略格局下，中国对日本在湄公河地区的战略合作与经济关系应该采取开放与包容的方式，演绎出一个"共赢"的局面。2012 年 11 月召开的中国共产党十八大报告提出了"三要三不要"（要和平不要战争，要发展不要贫穷，要合作不要对抗）外交原则，表明中国要打破国际关系史上"国大必霸""国强必暴"的大国崛起逻辑，坚持做一个谦虚的大国。报告强调中国要在国际关系中弘扬平等互信、包容互鉴、合作共赢的精神，在谋求与主要大国建立新型大国关系的同时，将努力拓展与周边国家、发展中国家的关系，并积极参与多边事务，努力使自身发展更好惠及周边国家。日本加大对次区域的经援力度也有挽回失地之图，中国对日美等区域外大国的积极"参与"湄公河地区开发大可不必带冷战眼光。另外，次区域的空间并不大，任何力量的介入都会产生多方向的压力。既然这里已经聚齐了亚太各种势力，倒是给中国运作大国协调外交创造了空间①。中国应抓住合作共赢的机会不放手，加强与区域外大国在次区域的开发合作，建立健全各种合作机制之间的联动和协调体系，以进一步推动经贸发展。

第五，根据形势发展和现实要求提出新的合作理念。中国与 GMS 五国关系的发展应建立在建设性、开放性和非排他性、包容性及灵活性的基础上。政治方面，应积极探讨一些深层次的合作议题，开展一些有利于双方加深互信的活动，诸如对亚洲价值观、新安全观、东南亚发展模式、次区域文化比较研究等展开讨论；进一步推动双方的社会、文化教育的交流与合作，特别是要加强媒体的合作和交流，共同增强东亚的声音和话语权，可提出与 GMS 五国共同建立新闻基金；注意加强GMS 五国的年青一代对中国的认知和了解的有关工作，可在双方主要大学增设 GMS 留学基金以及青年交流基金等。安全

---

① 李剑：《俄重返金兰湾，未必是坏事》，《环球时报》2012 年 11 月 27 日。

方面，应进一步解放思想，积极推动新安全观的合作研究，在加强官方安全合作的基础上，鼓励"双轨"的安全对话和进行相关项目的共同研究，如就预防性外交议题加强双方的合作研究，以有效地促进双方的相互了解和理解；注意落实在非传统安全领域的合作项目，应加强现有的"反恐"和打击跨国犯罪方面的合作力度；积极推动与 GMS 五国建立双边和多边危机预防与管理机制。

第六，适时推动建立大湄公河次区域经济合作组织。为了更好地协调合作，共同开发次区域，也为了更有效地推动GMS 五国友好关系发展和本地区的和平、稳定、发展与繁荣，最好的办法就是仿效上海合作组织建立一个次区域合作组织——大湄公河次区域经济合作组织。目前在次区域，各大国积极参与、合作机制众多，甚至相互重叠，呈现出"湄公河地区合作机制拥堵"（Mekong Congestion）的现象。但次区域还没有一个能真正覆盖全区域的地区性合作组织。湄公河委员会（MRC）虽然是一个地区组织，但该机构的工作主要涉及水资源管理，且中国和缅甸还只是其对话国，并不能代表整个次区域及所有领域。而亚行主导的 GMS 经济合作机制，虽然在促进次区域各国各领域的合作方面发挥了巨大作用，但该机制也没有设立一个进行日常管理和沟通的具有权威性的国际机构。目前，虽然有三年一度的大湄公河次区域经济合作领导人会议，但也缺乏常设的决策和功能性机构，致使该协商机制成为空中

楼阁。这方面，我们也可以借鉴国外特别是欧盟的经验。为了
更好地利用和管理莱茵河，其流域国家瑞士、德国、法国、荷
兰和卢森堡等成立了一个防止河水污染的国际委员会，后转变
成一个政府间的国际组织。中国应重构 GMS 经济合作的框架，
可以与 GMS 五国共同提升大湄公河次区域经济合作组织的合
作功能和机制化水平。作为一个国际组织，地区合作就有了机
制上、法理上的保障。在国际组织的框架下，可以达成一系列
综合性和单项的多边合作协议和谅解备忘录，并且通过该组织
建立健全调研机制、监督机制和解决冲突机制。次区域各国间
在合作中的各种矛盾，主要来源于相互间缺乏沟通、协调、了
解和信任，地区组织可以通过各种渠道、方式和途径密切各方
的关系，从而达到相互理解、谅解与合作①。只有这样，中国
才能占领次区域合作的制高点，否则，不可能阻止日本等国在
中国的大门口挖墙脚。推动大湄公河次区域经济合作组织的建
立应是当务之急。

　　第七，加大对柬、老、缅、越四国的援助力度，并使对外
援助真正服务于中国对外战略总目标。对外援助既是一种国际
经济行为，同时也是一种国际政治行为②。对外援助是中国整
体对外政策的组成部分，是中国长期的可持续的和平发展战略

---

① 张锡镇：《中国参与大湄公河次区域合作的进展、障碍与出路》，《南洋问
题研究》2007 年第 3 期，第 9 页。

② 张学斌：《经济外交》，北京大学出版社，2003，第 369～370 页。

的一个组成内容，是中国经济外交的具体实施步骤之一①。中国的对外援助是建立在互利共赢、共同发展基础之上的，其指导原则和目的与西方有着本质的区别。为此，未来中国的对外援助，要服务于中国对外战略总目标，这样才能有效地发挥对外援助的作用和效果，推动中国外交战略总目标的实现。中国对柬、老、缅、越四国的援助，最终的目的就是要促进四国经济发展和社会进步，从而实现双方的共同发展。因此，今后中国对外援助，在实施援助计划、进行项目审批过程中，要结合受援国的具体国情，切实开展实地调研，注意受援国的现实需要。针对四国建设资金严重缺乏的问题，可向四国提供多种形式的优惠贷款和无偿援助。今后还应特别加强对人力资源开发、民生、环保等领域的援助，以争取四国的民心、培养知华和友华人士。目前，柬、老、缅、越四国人民对中国援助修建的医院、道路和体育场所等与民生息息相关的项目都给予了高度评价，这表明这些项目是当地人民迫切需要的。这样的援助不仅达到预期目的，收到了很好的效果，同时也将进一步提高中国的国际地位，展现中国的良好形象。

第八，协调好与日本在次区域的利益关系，支持日本在GMS经济合作中发挥作用。如前所述，由于日本在次区域拥

---

① 黄梅波：《中国对外援助机制：现状与趋势》，《国际经济合作》2007年第6期，第5页。

有各自的战略利益，且其对 GMS 五国影响力大，中国应重视日本在次区域的影响，对其在次区域的利益给予适当关注，应以灵活务实的姿态，积极主动地加强与日本的战略对话与合作，寻找共同利益的结合点。中日两国如能在资金、技术、人才培养、制度建设等各个领域加强在次区域的双边或多边合作，无疑将会有利于次区域的经济合作，从而进一步促进整个次区域的可持续发展，亦会夯实中日两国互信、共赢之基础，甚至推动东亚共同体由理想走向现实。中日两国可在次区域加强与 GMS 五国及其他东盟国家之间的相互交流与经济联系，与各国深化伙伴关系，发展多层次、多形式、多内容的经济技术合作；特别是帮助柬、老、缅、越四国增加就业，消除贫困，促进社会进步和人民生活水平的提高，实现次区域的协调发展；通过对话和实施合作项目，使 GMS 经济合作得到扩大和发展，营造一个适合国际贸易与投资的地区环境，推动次区域的和平发展，建立稳定而持久的友好合作关系。

中日两国早在 2007 年 4 月温家宝访日时就宣布要建立"战略互惠关系"，但仍缺乏实质性内容。邻国间战略关系的确定，既能招致地缘竞争也能带来巨大的合作利益，德国与法国在二战后彻底转变思维，通过经济利益融合，变历史上最大的相互威胁为最大的合作发展源泉，从而确立了今日欧盟在世界格局中的地位。当今世界，国家利益的观念正在不断变化，市场因素在不断增强，各国在多方面存在着不同的利益和需要，传统的意识形态之争、地缘之争，已被经济竞争、区域竞争所取代，中日作为地区大国，无论任何一方面，都应是互惠互利的关系。中国倡导区域化合作和多极化，支持多极化也必然支持日本成为其中的一极，GMS 经济合作理应成为中日两国走出局限、相互促进的战略合作之路。可喜的是，尽管曾经面临双边关系恶化，但中日两国政府也已认识到这一点，并在2008 年 4 月、2009 年 6 月、2010 年 4 月、2011 年 9 月和 2014年 12 月先后举行了五次"中日湄公政策对话"，就实现中国、日本和 GMS 五国三方"共赢"等达成了一致意见①。中日两国今后可进一步提升对话级别，并确实推动一些重要合作项目的开展，譬如如何实现南北经济走廊与东西经济走廊之间的无缝链接，实现跨境运输便利化，扩大 GMS 的物流和贸易投资，也可在农业、金融、基础设施建设、环保、人力资源开发、减

---

① 日本外务省：《关于第一次日中湄公政策对话的召开》，参见其网站 ht-tp：//www. mofa. go. jp/mofaj/area/j_ mekong_ k/taiwa01. html（2008 年 4月 25 日）；日本外务省：《日中湄公政策对话第二次会晤召开》，参见其网站 http：//www. mofa. go. jp/mofaj/press/release/21/6/1193108_ 1100.html（2009 年 6 月 11 日）；Ministry of Foreign Affairs of Japan, *The Third Meeting of the Japan – China Policy Dialogue on the Mekong Region*, http：//www. mofa. go. jp/announce/announce/2010/4/0416_ 03. html（April 16,2010）. 日本外务省：《日中湄公政策对话第四次会晤召开》，参见其网站http：//www. mofa. go. jp/mofaj/press/release/23/9/0901_ 06. html（2011年 9 月 1 日）；日本外务省：《日中湄公政策对话第五次会晤召开》，参见其网站 http：//www. mofa. go. jp/mofaj/press/release/press4_ 001528. html（2014 年 12 月 1 日）。

贫等领域开展对话与合作。我们希望中日两国今后能够就此继续加强对话与协商，扩大合作领域，真正实现在次区域的互利共赢，并借此夯实中日战略互惠关系的内涵。

如果中日两国真能在次区域乃至东亚地区回应相互的重大关切，维持持久和平，促进本地区繁荣，那么，这不失为一种好的战略选择。期待在不久的将来，在 GMS 五国、中国和日本的三方共同努力之下，这条源于中国、蜿蜒流经 GMS 五国的"东方多瑙河"——湄公河，成为一条次区域和东亚共同发展之河。一个开放合作的 GMS 足可容纳各方力量，待 GMS 经济合作全面实现之日，就是东亚地区经济全面腾飞之时。

■ 参考文献

Asian Development Bank, *The Program of Economic Cooperation in the Greater Mekong Subregion*, June 2005.

Asian Development Bank, *The Mekong Region: Economic and Social Impact of Projects – new Economic Overview*, June 2005.

Asian Development Bank, *Greater Mekong Subregion: Connecting Nations, Linking People*, 2005.

Timo Menniken, "China's performance in international resource politics lessons from the Mekong", *Contemporary Southeast Asia*, 29 (1) 2007 Apr.

Siriluk Masviriyakul, "Sino – Thai strategic economic development in the Greater Mekong Subregion (1992 – 2003)", *Contemporary Southeast Asia*, 26 (2) 2004 Aug.

〔日〕内海晋:《湄公河委员会的现状及其活动方向》,《农业土木学会志》2004 年第 2 期, 第 91~94 页。

〔日〕海外运输协力协会：《有关召开发展中国家交通基础设施建设问题研讨会的业务报告》，1999。

〔日〕海外投融资情报财团：《〈东盟新成员国经济持续发展的可能性与经济支援〉研究会报告》，2004。

〔日〕外务省：《外交蓝皮书》（历年版）。

〔日〕外务省：《国际问题资料月刊》（历年版）。

〔日〕外务省外交史料馆日本外交史辞典编撰委员会编《日本外交史辞典》，山川出版社，1992。

〔日〕木村福成、石川幸一编著《南进中国与对东盟的影响》，日本贸易振兴机构，2007。

〔日〕经济产业省：《通商白皮书》（历年版）。

〔日〕白石昌也：《印度支那的跨境交涉及复合走廊的展望》，早稻田大学大学院亚洲太平洋研究科，2006。

〔日〕白石昌也：《20 世纪 90 年代日本对印度支那三国（柬埔寨、越南、老挝）的援助政策——以〈ODA 白皮书〉的记述为中心》，《亚洲太平洋讨究》第 11 期（2008 年 10 月），第 153～183 页。

〔日〕的场康信：《湄公河流域开发的新动向及其展望》，《农业土木学会志》2000 年第 9 期，第 907～915 页。

〔日〕长谷山崇彦：《21 世纪世界和亚洲的水资源危机以及日本的经济安全保障》，《日本国际经济学会第 63 次全国大会论文集》，庆应义塾大学，2004 年 10 月。

〔日〕末广昭、宫岛良明、大泉启一郎、助川成也、青木卷：《从中国看大湄公圈（GMS）》，东京大学社会科学研究所，2009。

〔日〕末广昭、大泉启一郎等：《中国的对外膨胀与大湄公圈（GMS）·CLMV》，东京大学社会科学研究所，2011。

〔日〕崛博：《湄公河：开发与环境》，古今书院，1996。

〔日〕松本悟：《湄公河开发：21 世纪的开发援助》，筑地书馆，1997。

〔日〕森田浩一：《印度支那地区合作的现状与课题——从我国地区开发合作的视点出发》，国际协力事业团，2002。

〔日〕山影进编《东亚地区主义与日本外交》，日本国际问题研究所，2003。

〔日〕渡边慧子：《ODA 关于跨境问题的新的研究方法——以湄公河流域各国为对象的日本的地区性合作案件》，《国际开发研究论坛》2004 年第 8 期，第 247～266 页。

毕世鸿：《越南参与大湄公河次区域经济合作的回顾与展望》，《东南亚纵横》2006 年第 2 期，第 47～51 页。

毕世鸿：《试析冷战后日本的大湄公河次区域政策及其影响》，《外交评论》2009 年第 6 期，第 112～123 页。

毕世鸿：《冷战后日缅关系及日本对缅政策》，《当代亚太》2010 年第 1 期，第 120～130 页。

毕世鸿主编《GMS 研究 2010》，云南大学出版社，2010。

毕世鸿：《机制拥堵还是大国协调——区域外大国与湄公河地区开发合作》，《国际安全研究》2013年第2期，第58～73页。

毕世鸿：《重拾"价值观外交"的日本与湄公河地区合作》，《东南亚南亚研究》2013年第4期，第6～11页。

毕世鸿：《缅甸民选政府上台后日缅关系的发展》，《印度洋经济体研究》2014年第3期，第20～32页。

贺圣达：《大湄公河次区域合作：复杂的合作机制和中国的参与》，《南洋问题研究》2005年第1期，第6～14页。

李巍：《东亚经济地区主义的终结？——制度过剩与经济整合的困境》，《当代亚太》2011年第4期，第6～32页。

刘稚主编《大湄公河次区域合作发展报告（2011～2012）》，社会科学文献出版社，2011。

刘稚主编《大湄公河次区域合作发展报告（2012～2013）》，社会科学文献出版社，2013。

刘稚主编《大湄公河次区域合作发展报告（2014）》，社会科学文献出版社，2014。

沈铭辉：《大湄公河次区域经济合作：复杂的合作机制与中国的角色》，《亚太经济》2012年第3期，第13～18页。

宋强、周启鹏：《澜沧江—湄公河开发现状》，《国际资料信息》2004年第10期，第25～29页。

魏景赋、邱成利等：《大湄公河次区域经济研究——GMS

机制内的产业与贸易合作》，文汇出版社，2010。

徐万胜:《浅析亚洲危机后的日本对亚援助政策》,《东北亚论坛》2000年第3期，第51~53页。

张蕴岭、沈铭辉:《东亚、亚太区域合作模式与利益博弈》,经济管理出版社，2010。

■ 后 记

2008 年，当刚刚得知申请的"西南边疆历史与现状综合研究项目" 2008 年度课题获批立项的时候，欢欣鼓舞，着实高兴了一阵，但正如预期，接下来的时日里，笔者比以往任何时候都切身体验了什么叫治学艰难。

早在 2008 年 11 月立项不久，笔者就此课题举行了一次小规模的内部专家咨询会，与会专家针对项目申请书中的研究提纲存在的问题提出了一些非常宝贵的修改意见，笔者根据这些建议对研究提纲做了进一步的细化和修改，并根据新的提纲搜集资料。在 2009 年 2 月 18 日举行的"西南边疆历史与现状综合研究项目"开题动员会暨交流会上，笔者向莅临会议的各位专家学者汇报了研究的思路和进展等相关情况，并得到了李国强等专家提出的"希望增加日本 GMS 政策与中国 GMS 政策比较，突出中日两国在 GMS 经济合作中的对立、合作与协调等内容"的中肯建议，拓宽了研究思路。自此以后，笔者根据专家咨询会和交流会的意见，并结合自己的研究构想，全力以赴地收集和分析最新资料，并积极撰写研究成果。特别是在撰写的过程中，2009 年 8 月至 2010 年 1 月，笔者获得了一次到（日本）亚洲经济研究所担任客座研究员的机会，得以近距离地观察日本在 GMS 政策及其行动选择上的最新动向，并与日本政府官员、企业界人士、高校和科研机构的研究人员面对面地进行交流，由此又获得了一些最新发布的更加重要的资料，因此对原定的研究框架适时地做了微幅的改进，增加对这些新发布的重要资料的研究。在此之后，提交评审的课题文本得到了相关专家的修改意见。据此，笔者对文本的相关内容进行了修改和更新，并完成了文本的校对工作。

在研究成果即将交付印刷之际，笔者要由衷地感谢为课题研究提供宝贵意见的咨询专家和评审专家，为我们提供重要资料的日本相关机构，为搜集大量文献资料提供方便的国内外各图书馆以及接受观察和访谈的日本各界人士。没有多方面的帮助，此项研究是不可能完成的。

由于研究水平以及各种客观条件的限制，加之形势和情况的发展瞬息万变，本研究成果肯定还有不足之处，敬请各位专家批评指正。

毕世鸿

2015 年 2 月

图书在版编目（CIP）数据

冷战后日本与湄公河国家关系／毕世鸿著 . -- 北京：
社会科学文献出版社，2016.8
（云南大学周边外交研究中心智库报告）
ISBN 978 - 7 - 5097 - 9493 - 7

Ⅰ.①冷…　Ⅱ.①毕…　Ⅲ.①日本 - 对外关系 - 东南
亚　Ⅳ.①D831.32 ②D833.02

中国版本图书馆 CIP 数据核字（2016）第 164629 号

·云南大学周边外交研究中心智库报告·
冷战后日本与湄公河国家关系

著　　者／毕世鸿

出 版 人／谢寿光
项目统筹／宋月华　杨春花
责任编辑／孙以年

出　　版／社会科学文献出版社·人文分社（010）59367215
　　　　　　地址：北京市北三环中路甲 29 号院华龙大厦　邮编：100029
　　　　　　网址：www. ssap. com. cn
发　　行／市场营销中心（010）59367081　59367018
印　　装／北京季蜂印刷有限公司

规　　格／开 本：787mm × 1092mm　1/16
　　　　　　印 张：10.25　字 数：98 千字
版　　次／2016 年 8 月第 1 版　2016 年 8 月第 1 次印刷
书　　号／ISBN 978 - 7 - 5097 - 9493 - 7
定　　价／59.00 元